看了就能懂的
法律常识

合同纠纷

方也媛◎主编

刘昕宇◎副主编

吉林出版集团股份有限公司

全国百佳图书出版单位

图书在版编目（CIP）数据

看了就能懂的法律常识. 合同纠纷 / 方也媛主编
.-- 长春：吉林出版集团股份有限公司，2023.4
（2025.1重印）
ISBN 978-7-5731-1433-4

Ⅰ.①看… Ⅱ.①方… Ⅲ.①合同纠纷 - 处理 - 基本
知识 - 中国 Ⅳ.①D920.4

中国版本图书馆CIP数据核字（2022）第055219号

KANLE JIU NENG DONG DE FALU CHANGSHI HETONG JIUFEN

看了就能懂的法律常识·合同纠纷

主 编	方也媛	
副主编	刘昕宇	
责任编辑	金 昊	
装帧设计	刘美丽	

出 版	吉林出版集团股份有限公司	
发 行	吉林出版集团社科图书有限公司	
地 址	吉林省长春市南关区福祉大路5788号　邮编：130118	
印 刷	唐山楠萍印务有限公司	
电 话	0431-81629711（总编办）	
抖音号	吉林出版集团社科图书有限公司　37009026326	

开 本	720 mm×1000 mm　1 / 16	
印 张	13	
字 数	150 千	
版 次	2023 年 4 月第 1 版	
印 次	2025 年 1 月第 2 次印刷	

书 号	ISBN 978-7-5731-1433-4	
定 价	55.00 元	

如有印装质量问题，请与市场营销中心联系调换。0431-81629729

编 委 会

序　言

党的十八大以来，以习近平同志为核心的党中央高度重视法治在推进国家治理体系和治理能力现代化中的重要作用，中央全面依法治国工作会议更是明确了习近平法治思想在全面依法治国中的指导地位，为全面依法治国提供了根本遵循和行动指南。

依法治国、普法先行。法治宣传教育是一项具有基础性、先导性、长期性的工作，推进全面依法治国，归根结底要靠全民法治素质的提高，靠依法办事习惯的养成。可以说，全民普法是全面依法治国的重要内容之一，对法治中国建设起着基础性的关键作用。近年来，随着普法教育的深入，公民的法律意识不断增强，自觉维护法律和自身权益已成为许多公民的自觉行为。但是在分工不断发展、生活节奏逐渐加快的现代社会中，普通民众忙于生计，无暇深入研究法规法条，而且，庞杂的现代法律也使得普通民众难以深层次地了解法律知识。

如何能够使这个庞大的群体在忙碌之余接受法律的教育，如何让他们对法律产生兴趣并且在遇到法律问题时可以快捷地找到答案？方也媛老师带队编写的这套图书就为大家提供了这样的一种途径。

这套书一共六本，分别是《看了就能懂的法律常识 合同纠纷》《看了就能懂的法律常识 婚姻家庭》《看了就能懂的法律常识 道路交通》《看了就能懂的法律常识 劳动纠纷》《看了就能懂的法律常识 未成年人保护》《看了就能懂的法律常识 中小企业法律风险防控》。结构上分为案例、法律问题、法律分析、案例拓展四个部分。先通过案例引出问题，让读者可以清晰地知道在什么情况下可能存在什么法律问题。之后在法律分析中对引出的问题进行解释，最后通过案例拓展对该法律问题的相关法律知识进行普及，提出合理规避风险的方法。这种编排方式不仅可以针对已产生的问题给出解决办法，也能让当事人对潜在的风险充分防范。

书中案例全部来自裁判文书网上发布的真实案例，更贴近生活实际。法律分析版块在引用现行相关法律条文对案例进行解析的同时，又对法律的适用环境进行解读，以便于读者在现实中遇到类似情况时进行应用。案例拓展版块充分展示了法律在实践应用中可能遇到的情况，既起到拓展思路的作用，也可以使读者不局限于本书的内容，进行更深入的思考。

本书主编方也媛，在从事教学工作的同时担任律师多年，理论知识和实践经验均比较丰富。其他作者全部通过了国家统一法律职业资格考试。这些作者均具有研究生学历，在校期间成绩优异，在学术上取得了一定的成果：多人曾在省级期刊发表论文，一人曾获副省级法治论坛优秀论文奖，多人参与吉林省法学会项目等课题研究。

人们在生活中都会碰到各种问题和麻烦，很多时候都需要使用法律来解决。所以，法律离我们每个人并不远，它与生活息息相关。很多人可能感觉法律是一道难以逾越的高墙，遇到了法律问题大部分人不知道怎么解决，甚至干脆就能忍则忍，放弃主动用法律武器保护自己的权利。希望本书能够为读者们提供一个解决问题的思路，让读者们在生活中遇到问题时能够通过本套书的案例和分析得到一个解决办法，为生活增添一些便捷。

是为序。

李韧夫

2022年12月

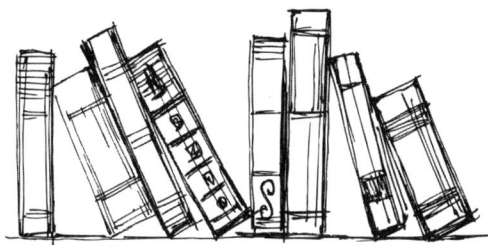

目录
CONTENTS

第一章

合同的成立与生效

问题1：
缺乏必要条款的合同成立吗？

[**案例**]

　　A公司法定代表人程甲与B公司法定代表人程乙系兄弟关系，父亲为程丙。A公司成立于2005年9月18日，成立时法定代表人为程丙，后于2010年5月18日变更法定代表人为程甲，现该公司股东为程甲、程乙，占股比例分别为70%、30%。B公司成立于2010年2月2日，法定代表人为程乙。2010年1月26日，A公司与B公司签订《企业住所（经营场所）租赁协议》，约定A公司（甲方，出租方）将公司600平方米的厂房出租给B公司（乙方，承租方）作为B公司住所和经营场所，租赁期限为5年，自2010年1月15日起至2015年1月14日止。该协议约定：本协议供乙方办理有关企业登记使用。上述协议材料由Q市行政审批局留存，A公司未持有原件。2012年1月5日，A公司与B公司达成协议，协议载明：B公司与A公司原来是一个单位，法定代表人为程丙，原企业名称为A公司。现因程丙年纪大、身体欠佳，将公司一分为二给两个儿子，分为B公司和A公司。

因土地证为A公司所有，故土地使用税和房产税由A公司缴纳，从2012年1月1日起开始生效。

2013年12月12日，程丙、程甲、程乙签订《家庭现有人民路财产分割协议书》，协议第4条载明：程乙拥有A公司30%的股份，与程甲经营过程中的债权债务无关，不参与程甲的利润分配，只拥有人民路××号内的土地、房产的一半。一旦土地证办理完毕，程乙必须立即无条件退出。

2018年11月，A公司诉至法院，请求判决解除两公司签订的房屋租赁协议，B公司搬离并清空厂房。案件审理过程中，B公司以所有权确认纠纷为由将A公司诉至法院，要求确认A公司的土地、房产一半归其所有。

Q市H区人民法院经审理认为：涉案房屋租赁合同并未成立，本案双方并无租赁房屋的真实意思表示。

一审判决后，A公司不服，向Q市中级人民法院上诉。

Q市中级人民法院依照《中华人民共和国民事诉讼法》第一百七十条第一款第一项的规定，驳回上诉，维持原判。

［法律问题］

涉案房屋租赁合同是否成立？双方有无租赁房屋的真实意思？

［法律分析］

合同的内容需要当事人之间达成共识，是当事人真实想法的客观体现。合同条款是合同内容重要的具体表现，是确定合同当事人权利义务的根据。合同涉及方方面面，在社会发展中的作用非常重要。签订合同是交易的一种重要方式，在当前的时代背景与社会条件下，合同部分内容未约定或约定不明，并不影响合同的成立，当事人仍可以协议补充合同的内容；但如果缺乏合同必要条款，那就会直接影响合同成立，使得合同不生效。

现实生活中，人们通常都认为合同需要"白纸黑字"写下来，才会产生合同的效果，才能有法律效力。但是实际上，合同并不一定都需要采用书面的形式，我国法律中还规定了其他形式。《中华人民共和国民法典》第四百六十九条规定："当事人订立合同，可以采用书面形式、口头形式或者其他形式。书面形式是合同书、信件、电报、电传、传真等可以有形地表现所载内容的形式。以电子数据交换、电子邮件等方式能够有形地表现所载内容，并可以随时调取查用的数据电文，视为书面形式。"由此可见，合同的签订方式非常多样。当事人可以采取很灵活的方式来订立合同，合同并非只有书面形式一种，也并不是没有书面合同就一定不会产生合同的效果。

另外，接触合同较少的人并不知道签合同时应该怎么审查合同，也不知道合同应该有什么样的条款。关于合同的条款，《中华人民共和国民法典》第四百七十条规定："合同的内容由当事人约定，一般包括下列条款：（一）当事人的姓名或者名称和住所；（二）标的；（三）数量；（四）质量；（五）价款或者报酬；（六）履行期限、地点和方式；（七）违约责任；（八）解决争议的方法。当事人可以参照各类合同的示范文本订立合同。"根据这条规定，合同内容要具体、清楚，因为合同必要条款涉及当事人的基本权利义务，除这些之外，还应考虑合同的具体目的，以此来对合同进行综合考虑。在订立合同时应当特别注意一些必要的条款，如果缺少必要条款，那么维权的风险将会增加。因此，在签订合同时要仔细阅读合同条款，避免给自己造成不必要的麻烦。

本案中，A公司主张与B公司之间存在租赁合同，但仅举证了其自工商部门调取的《企业住所（经营场所）租赁协议》，而该协议明确约定了"本协议供乙方（B公司）办理有关企业登记使用"，加之双方法定代表人系亲兄弟关系，且双方另书面约定了B公司有权使用涉案厂房，故法院认定双方并无租赁的真实意思表示。关键就在于双方在签订合同时并未约定明确，从而造成了这样的局面，进而被法院认定为合同不成立。

[案例拓展]

如果合同中缺少了必要条款，这个合同就是没有法律效力的。因为合同必须完整，如果缺少了一些必要的条款，那这个合同就是不成立的，是没有法律作用的。所以在签订合同的时候，一定要仔细看一下合同内容，如果缺少了相关的必要条款，就不要和对方签订这份合同，就算签了，也没有任何的意义，而且也会给自己带来一些麻烦。

合同欠缺条款，即合同漏洞，是指合同应对某事项加以约定却未予约定。造成这种现象的原因主要有三种：其一，当事人对于一些问题没有协商，例如买卖家电却未约定运费由谁负担。其二，当事人对非必要之点虽经协商，但未达成协议，约定留待日后商定。例如国有土地使用权出让合同约定，定金交付的时间另行协定等。其三，合同的部分条款因违反强制性规定或违背公序良俗而无效。

如果签了一份缺少必要条款的合同，就很有可能会产生一些纠纷，一旦权益受到侵害，这个合同也就没有任何的保障作用。所以在签订合同的时候，必须仔细地去看每一个条款，如果感觉自己看不懂的话，可以找专业人士来帮忙看，千万不要随便就签了。因为签上去的是本人的名字，一旦出现了问题，是需要承担相关法律责任的。

在签合同之前仔细检查合同的条款是否正确和完整，主要包括：（1）当事人的姓名或者名称和住所；（2）标的；（3）数量；（4）质量；（5）价款或者报酬；（6）履行期限、地点和方式；（7）违约责任；（8）解决争议的方法。其余部分当事人还可以自行协商。

当然，关于合同的成立问题，还需要注意合同双方是否达成一致。如果合同经过律师、公证员等法律从业人员的审核，则表明合同双方非常重视合同的内容。但是，即使合同没有经过律师见证或者公证处公证，也不会影响合同的成立和效力。同样，即使经过律师见证或者公证处公证，合同也不一定就有效。比如，农村的一些没有产权证的房屋，或者农村的宅基地，售价比较低，很多城市居民购买用来居住或使用，公证处一般也会办理这类合同的公证事宜。于是，有的交易双方希望通过律师见证来保障交易安全，但是考虑到合同可能会被认定为无效，购买方存在一定的风险，律师见证是否妥当，值得探讨。所以，在签订合同时，自己的审查与确定是至关重要的。

看了就能懂的
法律常识
合同纠纷
KANLE JIU NENG DONG DE
FALÜ CHANGSHI
HETONG JIUFEN

问题2：
捆绑装修合同，购房者能单独解除吗？

[案例]

2018年7月6日，林某、吴某与B地产签订《商品房买卖合同（预售）》，约定林某、吴某购买B地产建设的位于朝阳区大地花园（地块二）一处房产，房产总价款4920180元。同日，林某、吴某与A集团签订《装修合同》，约定林某、吴某自愿委托A集团按本合同约定标准，对林某、吴某购买的朝阳区大地花园的房产进行户内结构的优化及装修改造，合同总价款为469080元。合同载明："双方确认，本合同的所有条款均是经双方充分协商后达成的一致意见，双方对条款内容已有充分的了解和共同的认识。"同日，林某、吴某（乙方）与B地产（甲方）、A集团（丙方）签订三方协议一份，约定：甲、乙双方签署的《商品房买卖合同（预售）》中约定的交付标准因乙方要求丙方进行装修改造，将由乙方和丙方在装修阶段自行协调工序和进度，《商品房买卖合同（预售）》原交付标准被乙方与丙方签署的《装修合同》所对应的装修及改造标准所覆盖。乙方按照《装修合同》约定的价格向丙方支付装修款……为便于装修及改造施工，乙方委托丙方在《商品房买卖合同（预售）》约定的房屋交付期限内代为与甲方进行房屋交验、收房、领取钥匙并由丙方进行装修改造施工，甲、丙方无须再另行书面通知乙方……2018年7月10日，B地产向林某、吴某代收装修款469080元。

林某、吴某认为，B地产强迫其与指定的A集团签订《装修合同》的行为实质为捆绑装修，目的是变相提高商品房的销售价格。根据《中华人民共和国合同法》的规定，请求确认其与B地产、A集团签订的装修合同、三方协议无效，并要求退还全额装修款。

法院驳回林某、吴某的诉讼请求。

[法律问题]

捆绑装修合同是合理的吗？是否有法律效力？

[法律分析]

购买房屋是很多人都经历过的，而之后如何选择装修公司、选择哪一家装修公司通常是由房主自己决定的，因为其中涉及个人喜好和价格等问题。但是在购买房屋之时签订的捆绑装修合同能够合理有效吗？

《中华人民共和国民法典》第一百四十三条规定，具备下列条件的民事法律行为有效："（一）行为人具有相应的民事行为能力；（二）意思表示真实；（三）不违反法律、行政法规的强制性规定，不违背公序良俗。"

签订合同时要注意：首先，当事人双方应达到法定年龄。其次，当事人所表达的是不是自己内心的真实想法，并且不可以有开玩笑的成分，双方严肃且认真地想要签订合同。最后，还要注意是否违背公序良俗。公序良俗主要是指公共秩序与善良风俗，通常是存在于人们内心对正义的追求，也可以理解为社会的一般道德。

那么签订了自己不想签订的合同之后，应该怎么寻求法律的帮助呢？受到胁迫、欺诈之后签订合同可以依据这三条法律为自己维权。《中华人民共和国民法典》第一百四十八条规定："一方以欺诈手段，使对方在违背真实意思的情况下实施的民事法律行为，受欺诈方有权请求人民法院或者仲裁机构予以撤销。"第一百四十九条规定："第三人实施欺诈行为，使一方在违背真实意思的情况下实施的民事法律行为，对方知道或者应当知道该欺诈行为的，受欺诈方有权请求人民法院或者仲裁机构予以撤销。"第一百五十条规定："一方或者第三人以胁迫手段，使对方在违背真实意思的情况下实施的民事法律行为，受胁迫方有权请求人民法院或者仲裁机构予以撤销。"但是要注意的是，胁迫与欺诈要真实存在。如果当事人自己签订合同后开始后悔，或者单纯地认为自己处于弱势从而认为自己受到了欺诈和胁迫，其主张通常不会得到支持。

本案中，当事人在自愿签订这种捆绑装修合同之后，认为自己受到了胁迫。但这只是当事人觉得自己吃了亏，合同也是当事人自愿签订的，所以其请求并不会得到法律的支持。

[案例拓展]

捆绑装修，是指在房地产市场中，开发商要求购房人购买其开发的房产的同时必须由开发商或其指定的第三方对购买的房屋进行装修的销售模式。这样的销售模式一定程度上给购房人提供了方便，但是也限制了购房人选择的自由，在这类销售中经常会出现装修质量问题和退款纠纷。部分购房人签订装修合同后，想要让开发商退还多收取的装修款，只能向法院起诉请求装修协议无效，以此来保护自己的权益。

当遇到合同效力的纠纷时，想要让法院确认合同无效或合同可撤销，应当从哪些方面入手呢？

第一，签订合同的双方是否具有民事行为能力。在我国，只有18周岁以上的公民才是完全民事行为能力人，这类人可以自由并单独进行民事活动。16周岁到18周岁之间的公民，虽然并不是成年人，但是主要生活来源是自己的劳动所得，就能够视为完全民事行为能力人，也是可以自由并单独进行民事活动的。8岁以上的未成年人，因年龄尚小，民事行为能力是受到一定限制的，只能够做一些与自己智力相适应的行为，其他相对复杂的民事活动由其法定代理人代理实施。不满8岁的未成年人，一切行为都由其代理人代理实施。如果在签订合同时，发现了对方是不能够独立签合同的主体，那么是可以请求合同无效的。

第二，交易相对方是否剥夺了当事人的自主选择权利。如果胁迫、欺诈等情况出现，那么可以主张合同可撤销。但是需要注意的是，如果在签订合同时有着选择的自由，只不过是自己没有去选择，那就不能认为是受到了胁迫和欺诈。

第三，合同是否侵犯公共利益。很多当事人喜欢在合同纠纷中强调"公共利益"一词，那么什么是公共利益呢？公共利益是一个比较抽象的名词，是涉及大多数人的利益，同时也不能违反法律。如买卖枪支或毒品的合同，这样的合同就是侵犯公共利益的合同，同时也是违反法律的合同。

第二章
合同的履行和保全

问题1：
双方互负债务的合同可以要求对方先履行合同主要权利义务吗？

[**案例**]

2010年年初，某县国土资源局挂牌出让某块国有土地的使用权，其提出的挂牌出让方案是："土地挂牌成交后，国土资源局应在90天内将挂牌出让的土地交给买受人。买受人在5天内交清全部地价款的40%，余款90日内缴清。"其他事项中也约定，"如果买受人不能按期交付土地价款，报名的保证金将作为违约金归国土资源局所有，国土资源局也有权将土地无偿收回并重新挂牌出让。供地方如果不能按时移交土地，需要每天支付买受人土地成交价万分之四的违约金"。此后，A公司通过竞买取得该土地使用权，并分多次交齐了相关材料，也支付了双方约定的大部分土地出让金。A公司摘牌后，由于涉案土地尚未被征用，土地上的厂房、民房等设施未进行征收拆迁，故国土资源局未在挂牌出让方案约定的时间内交付土地。后县政府、国土资源局要求A公司自行协调居民进行征用、拆迁工作。A公司为此耗费了大量精力，终于在2011年8月完成了征用拆迁相关前期工作。

2012年4月，国土资源局就该地块向A公司提出了索要违约金，并对于其中的计算方式提出意见：（1）A公司应支付违约保证金1500万元；（2）政府应支付违约金2394.72万元；（3）两者违约金额折抵后计894.72万元。此方案随后提交到了县政府常务会进行审议。收到方案之后，县政府常务会议研究决定：（1）同意国土资源局提出的A公司地块双方违约滞纳金计算方案；（2）同意对A公司目前所欠缴地价款的催缴方案；（3）由国土资源局按会议研究的意见督促A公司落实。

A公司认为：由于国土资源局不能按期交付土地，迟延履行债务，A公司本着诚实信用的原则，为维护政府的信誉，促使交易得以完成，与县政府、国土资源局共同协调解决征用拆迁事宜；而且，主要工作由A公司完成，征用拆迁费也由A公司垫付。在尚有近一半土地不具备交付条件时，A公司即付了大部分地价款。而此时，县政府、国土资源局的违约行为仍在继续，项目开始后才全部交付土地。A公司对于县政府、国土资源局提出的要求其承担违约金1500万元，诉请法院确认其有权行使同时履行抗辩权。而县政府、国土资源局则提出，其未向A公司主张该1500万元违约金，也未扣划该1500万元，A公司的该项损失尚未发生。

法院最终认定：A公司因国土资源局不能按期交付土地而行使同时履行抗辩权，迟延交纳剩余土地价款符合法律规定，且遵循诚实信用原则在被告县国土资源局只交付部分土地时交付了大部分地价款，不应当承担违约责任。县政府、国土资源局要求A公司承担1500万元违约责任无事实及法律依据。

看了就能懂的
法律常识
合同纠纷
KANLE JIU NENG DONG DE
FALÜ CHANGSHI
HETONG JIUFEN

［法律问题］

双方互负债务的，债务的履行顺序应是怎样的？

［法律分析］

合同的履行在日常生活中并不少见，但是履行顺序的问题似乎并不受人关注。其实这是一个很重要的问题，履行顺序的先后事关合同的责任分配问题，会让当事人的权利和义务发生很大的变化。

《中华人民共和国民法典》第五百二十五条规定："当事人互负债务，没有先后履行顺序的，应当同时履行。一方在对方履行之前有权拒绝其履行请求。一方在对方履行债务不符合约定时，有权拒绝其相应的履行请求。"《中华人民共和国民法典》第五百二十六条规定："当事人互负债务，有先后履行顺序，应当先履行债务一方未履行的，后履行一方有权拒绝其履行请求。先履行一方履行债务不符合约定的，后履行一方有权拒绝其相应的履行请求。"

这两条规定主要是在说明，如果没有履行顺序的约定，那么合同双方是应当同时履行的。例如，甲和乙二人约定，两人之间的买卖合同为一手交钱一手交货的形式，那么这就是同时履行。在这样的情况下，如果两个人中任何一个人没有支付货款或者交付货物，这个合同都不会完成；如果甲并没有交钱而直接去找乙要货，乙也一定会拒绝。这不仅是生活常识，而且是受法律保护的。反之，如果乙没有交付货物，而是直接去找甲索要货款，甲也可以拒绝。如果甲乙二人约定的是先交钱后交货，那么在没有交钱之前，是不能要求提供货物的一方交付货物的。

所以，双方的债务应当同时履行，而不是像国土资源局那样要求A公司先行履行义务。国土资源局的要求是没有法律基础的，主张违约金更是不合理的。

[案例拓展]

在对方不遵守合同约定，甚至是违约的情况下，应该怎么维护自己的权益呢？

合同订立后，对方未能按合同履行自己的义务，这种情况时有发生。在很多情形下，对方违约可能仅仅是因为疏忽或不知道合同的相关约定。交易复杂的合同，条款都很多，有的条款内容还很晦涩，导致对方没看懂。还有的合同有好几个组成部分，其中的通用条款直接照搬了国家部委或行业协会的示范文本，对方在签约时只关注合同协议书和专用条款，却不知道通用条款给当事人设定了哪些义务。

如果对方在签约时不够严肃谨慎，情况就会更糟。如果在签订合同时对方不怎么看合同的条款就签订合同，尤其在签订借款合同时，对于为了借钱什么合同都签的人，就要特别小心，因为这类人通常会违约。相反，在签约时计较某些重要条款的人，反而不容易违约。为什么？这说明对方重视合同条款，签约时谨慎，签约后谨遵。虽然大多数违约是无心或者没有恶意的，但也有少数违约出于当事方的策略性考虑而有意为之。

第一，对方违约时，应当怎么应对？

在合同签订之后，双方需要按照约定履行合同，如果一方没有履行合同或者履行的方式不符合合同约定，守约方是有权利要求违约方支付一定的违约金的。关于违约金的金额和计算方法问题，如果合同中明确约定了计算方法或数额，那就按照约定的计算方法或约定的数额进行赔偿。如果违约金约定得过少，那有可能不足以完全弥补守约方的损失，那违约方还需要承担一定的赔偿责任。

第二，合同违约方应承担怎样的赔偿责任？

其一是约定赔偿。约定赔偿是当事人在签订合同时，对合同违约后所需赔偿的数额或计算方法进行提前约定。因为守约方遭受的损失在合同订立之初难以确定，当事人在合同中最好约定赔偿金的计算方法，仅仅约定一个赔偿数额可能难以弥补损失。赔偿的方式也有很多种，可以用金钱的方式赔偿，也可以用劳务等其他方式进行赔偿。

其二是法定赔偿。法定赔偿并不是由当事人自行约定的，而是通过法律明确规定的计算方式方法计算出来的。不仅《中华人民共和国民法典》中有规定，其他有关合同的法律法规也对赔偿的计算方法做出了规定。法定赔偿要在当事人没有约定赔偿和违约金的情况下使用，当事人不能因为约定的违约金过少，而选择法定赔偿。

还有需要注意的地方，在法定赔偿发生时，有的法律还对法定赔偿的数额进行了限制，如运输合同中对承运人就规定了最高赔偿限额。如果超过了最高赔偿限额，那么超过部分违约方就不用承担。

综上所述，合同在双方自愿签订之后，就产生了法律约束力，双方就需要履行各自的义务，承担各自的责任。如果有违约的情况发生，守约方就可以请求违约方承担违约责任。至于用什么样的方式来承担责任，具体还要看双方是如何约定的。

问题2：
无书面合同时双方当事人权利义务如何确定？

[案例]

2020年3月6日19时许，客运公司驾驶员徐某驾驶大型普通客车沿常合高速由西向东正常行驶时，与架于路面上方且下垂的通信线缆相撞，造成该大型普通客车受损的道路交通事故，客运公司修理车辆花费10万元。公路公司在本案事故发生前已发现通信线缆脱落，但尚未采取措施排除障碍、清除危险或设置警示标志。

公路公司辩称：1. 公路公司提供的日常养护巡查记录证明其已尽到管理维护义务，不存在疏于管理现象。通信线缆脱落是突发意外事件，公路公司作为公路管理方无法预见，且在了解线缆脱落的第一时间安排工作人员赶到现场处理事故，不存在怠于履行义务的行为。2. 客运公司驾驶员未尽到高度注意义务，在发现障碍物时未能及时减速停车，与事故的发生有因果关系，应由其承担责任。

客运公司则认为：1. 根据我国高速公路相关条例的规定，公路公司作为该高速路段的管理人，负有管理维护高速公路的义务。案涉路段通信线缆脱落给车辆正常通行造成障碍，公路公司应及时清理。公路公司未及时发现并消除该隐患，导致客运公司驾驶员驾驶客车发生碰撞产生损失。公路公司未能尽到安全保障合同义务，构成违约，应当承担违约责任。2. 该事故发生于夜间，该路段并无相应照明设施，能见度低，且公路公司未设置相应警示标志。客运公司驾驶员已尽到谨慎驾驶义务，不存在过错。

最终公路公司赔偿客运公司10万元。

[法律问题]

双方是否存在合同？

[法律分析]

本案中，双方并没有书面的合同，那么如何认定双方存在的合同关系就成了关键。在现实生活和司法实践中，经常会遇到没有书面合同的情况。例如，去超市、市场购买生活用品时，消费者与超市形成的合同关系；汽车在高速公路上行驶时，车主与公路管理者形成的合同关系，等等。有时候因购买的商品太小，没必要签订书面合同，通常在汽车和房产的购买中才会有书面合同的签订；有时候则因时间紧迫或出于约定俗成的交易习惯，人们不会签订书面合同。

人们通常认为，没有合同就是口说无凭，出了纠纷也只能自认倒霉，而现实真的是这样吗？没有书面合同能从哪些方面认定合同关系呢？有时，存在合同的事实即可成立合同关系。比如去超市买东西就算没有签订书面合同，只要双方存在买卖行为，就可以认为是存在合同关系，消费者针对商品的退换或质量问题都可以找到经营者处理。《中华人民共和国民法典》第四百六十九条规定："当事人订立合同，可以采用书面形式、口头形式或者其他形式。书面形式是合同书、信件、电报、电传、传真等可以有形地表现所载内容的形式。以电子数据交换、电子邮件等方式能够有形地表现所载内容，并可以随时调取查用的数据电文，视为书面形式。"事实上的法律关系所形成的合同就是此法条中所写的其他形式。

以本案为例，本案事发路段是一条全封闭并实行收费服务的高速公路，客运公司的客车付费进入该高速公路，客运公司与公路公司之间形成有偿服务合同关系。公路公司作为高速公路的经营者与管理者，应严格按照规定履行自己的义务，保证通行车辆在高速公路安全畅通行驶。那么针对这一事实存在的合同关系，公路公司应当赔偿客运公司。

《中华人民共和国民法典》第五百七十七条规定："当事人一方不履行合同义务或者履行合同义务不符合约定的，应当承担继续履行、采取补救措施或者赔偿损失等违约责任。"继续履行指继续合同关系，继续提供服务，但是大部分合同在违约后当事人都不会选择继续履行。例如在饭店吃出苍蝇后，顾客一定不会接受赔偿一份餐食的解决方案，通常都会选择赔偿损失。所以，最后公路公司赔偿了客运公司的相关损失。

[案例拓展]

生活中如果在没有签订书面合同的情况下，应该怎么证明双方之间的合同关系呢？又该如何保障自己的权益呢？

当事人在民事活动中，有时出于对对方的信任或是时间紧迫，本应签订书面合同却并没有签订。如果合同中的一方已经开始履行合同中的主要义务，并且对方欣然接受，那么可以认为合同成立。也就是说，合同双方的履行行为可以视为对合同内容与合同关系的承认，即使没有书面合同，也可以使合同成立。此外，在生活中经常会出现口头合同。双方当事人应该怎么证明曾经订立过口头合同呢？关于口头合同的成立，人们能通过事后的证据去证明。没有书面形式的合同，但是有事实的合同关系，这需要合同主要义务顺利履行且对方接受，此时合同才能成立。如果没有履行合同主要义务，或者履行时对方表示不接受，那么只能认定合同未成立。即使有证据证明双方当事人曾达成口头协议，也不能认定合同成立。一旦口头合同成立，当事人不得以合同形式为由主张合同不成立，也就是通俗所说的不可以反悔。因为从合同的认定来说，任何合同形式都无法与实际履行相比。实际履行的作用是非常大的，既然双方能够接受实际履行，那么也说明此时对于合同双方来讲合同形式已不再重要了。

除了书面形式和口头形式之外，还可以通过很多方式来表达当事人想订立合同的想法，如实施某种特定的行为来表示自己的想法。如房屋租赁期限已满，双方虽然并未通过口头或书面合同的方式来延长租赁期限，但是承租人继续向出租人支付租金，出租人也继续接受租金，那么就可以认为双方有继续租赁关系的想法。但是对这种合同的认定方式比较复杂，需要考虑多种因素，并不建议人们用这样的方式来确定合同关系，更推荐用书面合同的方式来订立合同，这样在维权时更容易维护自身的利益。

第三章
合同的解除

问题1：
签订消费服务合同后消费者能单方解除合同吗?

[**案例**]

2018年4月28日，戴某在某英语学校处报名以学习英语培训课程，填写了注册报名表，并在报名制度上签名。注册报名表备注："刷卡3万元送2000元课程+2000元店庆礼物，VIP一对一基础100课时，剩余学费可转其他课程……"报名制度载明："……四、退款须知：（一）不可办理退款的情形（即学员不得单方解除合同的情形）：1. 所有享受报名优惠（含连报优惠）、双方协商一致，包括但不仅限于优惠报名……2. 3—5人VIP班……VIP一对一……由不同的课程构成的各种套餐班……课前课后均不退班，套餐连报学员一律不退费，也不可退任一单项课程。3. 预交定金概不退款。以上所有情况，报名后学员不得单方解除合同，一律不可退班退款。（二）无第（一）款情况者可办理退款，办理退款的，双方应按照下列规定处理：1. 开课前退款：（1）需提前10个工作日给予办理退款（如不遵守，则不具备退款条件），每人每次每种班级学费中均含500元报名手续费……（2）刷卡交费学员：如使用各类信用卡则须扣除所交学费2%的银行刷卡手续费……2. 由于学员自身的原因或过失及延误上课造成退费的，学校在扣除其所交的学费的30%费用作为违约金，并去除税金、报名手续费、退款手续费、银行卡手续费和其他相关费用后予以办理……"同日，英语学校向戴某出具金额为3万元的收据一张，内容为"VIP一对一100课时店庆充值3万元送2000元课程+2000元礼物"。同时，英语学校在该收据上备注"刷卡特别活动专属定制课程不退班不退费"。

2018年5月2日，戴某向英语学校邮寄两份内容一致的退款通知函，以英语学校有泄露个人隐私之嫌为由要求英语学校在3日内退还其本人充值会员卡内的3万元。英语学校认可上述两份通知函均于2018年5月3日收到。

英语学校陈述戴某充值了3万元会员卡，课程是VIP一对一，该3万元只能用100课时，不能转其他课程，也不允许退课退费。但戴某一节课未上，未消费过。

［法律问题］

该服务合同能否解除？戴某应否承担相应的违约责任？

［法律分析］

在日常生活中，人们经常会在买卖交易中签订合同，那么在什么情况下才能解除合同呢？下面的法条做了详细规定。

《中华人民共和国民法典》第五百六十二条规定："当事人协商一致，可以解除合同。当事人可以约定一方解除合同的事由。解除合同的事由发生时，解除权人可以解除合同。"合同是当事人协商一致的产物，能够协议订立，也可以协议解除，只要双方当事人都同意解除，那合同就可以解除。如果约定了合同的解除是以某件事情的发生为条件，那么在特定的事情发生时，合同就解除了。例如，甲乙二人约定，甲的儿子结婚之后，甲和乙的房屋租赁合同解除，乙对合同内容表示同意。那么等到甲的儿子结婚之后，二人的房屋租赁合同即解除。

《中华人民共和国民法典》第五百六十三条规定："有下列情形之一的，当事人可以解除合同：（一）因不可抗力致使不能实现合同目的；（二）在履行期限届满前，当事人一方明确表示或者以自己的行为表明不履行主要债务；（三）当事人一方迟延履行主要债务，经催告后在合理期限内仍未履行；（四）当事人一方迟延履行债务或者有其他违约行为致使不能实现合同目的；（五）法律规定的其他情形。以持续履行的债务为内容的不定期合同，当事人可以随时解除合同，但是应当在合理期限之前通知对方。"

不可抗力通常是难以提前预见、不能避免和克服的情况，通常以自然灾害为主，如地震、泥石流、火山喷发等，也包括社会政策和其他现象。不可抗力并不是人能够提前知道的，同时人力也很难去阻止其发生，因此具有很强的偶然性和不可避免性。这样的情况发生之后，当事人之间的合同想要顺利履行就会发生一定的困难。例如，甲乙二人签订了货物买卖合同，在约定的交货时间内甲并没有完成交付，原因是甲的货物在运输时遭遇了地震，使得货物全部毁损。那么在此时货物已经不能顺利交付，双方可以解除合同。

第（三）、第（四）项可以用一个例子来说明：甲乙签订借款合同，甲将10万元出借于乙，约定每月还款1万元，但是乙到了还款日期后并未还款，经过甲的提醒与催促，也没有还款的意思，这时甲可以解除合同。如果是乙在还款日期并未还款，并且表示自己不会再还给甲一分钱，那么甲乙可以解除合同。

戴某花费了3万元进行充值并办理会员卡。英语学校的说法是：会员卡是预付卡，戴某可以要求英语学校15日内无理由退款。但是戴某的行为不属于学校报名制度中可办理退款的情况，所以违约金条款不能适用于此。英语学校在提供证据时也不能证明学校因此遭受了损失，因为英语学校没有提供任何服务，戴某也没有上课，所以最终英语学校将3万元退给戴某。

[案例拓展]

现实中要解除合同，应该注意什么呢？合同解除的书面材料应该如何书写？如何做才对自己有利呢？

第一，合同解除中应注意的几个问题：

（1）想要解除合同，正常情况下是需要单方违约的。也就是说，一方违约，一方守约。双方违约时情况较为复杂，需要具体看哪一方是根本违约，根本违约一方是没有解除权的。

（2）合同解约慎重适用。违约方的违约行为会使守约方拥有合同解除权，但是违约方有违约行为，守约方不一定要解除合同。这里要判断合同的违约程度，以及解除合同后会不会给自己造成更大的损失，要注意保护自己的利益。

（3）解除合同会增加交易成本。合同的解除直接导致交易的失败，如果因为一方违约就直接解除合同，不仅会给自己增加交易成本，也可能会导致自己错过好的交易机会。此后在市场上再难以找到合适的交易对象，同时会给市场交易秩序造成冲击，影响市场安全与稳定。

（4）通常情况下，合同的主要义务最终是指向合同目的的，对合同主要义务的违反会导致合同目的难以实现，合同也就没了存在的意义，只能面临着被解除的结果。但是如果只是违反了一些附随义务，并不一定会影响合同目的的实现，因为附随义务通常是以诚实信用原则为基础产生的，此种情况下并不能解除合同。

（5）不适当履行的情况。不适当履行主要是指债务人的履行行为达不到合同约定的标准，如交付的货物有质量问题等。如果履行的瑕疵并不大，一般情况下可以要求债务人进行修补，并不直接解除合同。如果瑕疵严重且不能修补，那么只好采取解除合同的方式维护自己的权益。

第二，解除合同通知书的书写有以下注意事项：

首先，解除合同通知书书写要规范，内容需要有法律依据并阐明自己的想法，合法地行使合同解除权，具体内容应包括：

（1）当事人订立合同的时间、地点等具体信息。

（2）何时发生了违约行为。

（3）合同中事先约定好的合同解除权。

（4）明确的意思表示，表明解除合同的想法。

（5）对于违约行为保留追究责任的权利。

其次，合同解除权要在合同约定的时间内行使，并向对方发出通知。

最后，行使合同解除权时，应注意以下几点：

（1）有证据证明自己向对方发出过通知。

（2）有证据证明自己发出通知的时间。

（3）通知的内容要明确。关于对方是否收到，只需依通常情况，即通知到达违约方住所或指定的邮箱内即可。

第三，合同解除之后还可以要求赔偿损失。合同解除后的损害赔偿范围主要包括以下几点：

（1）协议解除合同时，如果在协议中约定不再追究对方的赔偿责任，那么在协议生效后就丧失了追究的权利。

（2）不可抗力情况下解除合同时，通常不用承担赔偿责任。但是在不可抗力发生后，当事人是有补救义务的，应当充分做出补救来防止损失扩大。如果没有采取相应措施导致损失扩大的话，对于损失扩大的部分仍然要承担赔偿责任。

（3）通常情况下，合同在解除之后，违约方需要赔偿守约方因违约行为而遭受的损失。但需要注意的是，如果守约方因为订立合同、履行合同而支出了合理的费用，违约方也是要承担责任的。

看了就能懂的
法律常识
合同纠纷
KANLE JIU NENG DONG DE
FALÜ CHANGSHI
HETONG JIUFEN

问题2：
违约方解除租赁合同，履约方会得到什么赔偿？

[案例]

　　未成年人陈某将案涉房屋出租给周某。周某转租给钮某，期限自2019年1月1日起至2020年1月1日止。

　　2019年3月4日，钮某发布出租案涉房屋的广告。江某看到广告后，与钮某协商租房事宜，并通过微信转账1000元。钮某在微信中答复："3.5万元未到。"次日，钮某与江某签订协议，约定钮某将位于博望镇四季花城的房屋转租给江某。协议载明："1. 房屋租金3.6万元。2. 江某分12个月付清，自合同签订后起，每月支付3000元。3. 江某应按时付款，若逾期，则钮某有权要求江某一次性付清余款。4. 一方违约，承担违约金5000元。"双方在协议上签名捺手印。同日，江某现金支付1个月租金3000元（包含3月4日的微信转账1000元）。之后，江某搬入案涉房屋。2019年4月22日，江某搬出案涉房屋，并通知钮某不再租赁。钮某收到通知，表示不同意。此后，江某未按照约定支付房租。5月14日，钮某提起诉讼，要求江某向其支付房屋租金3.3万元，并支付违约金5000元。

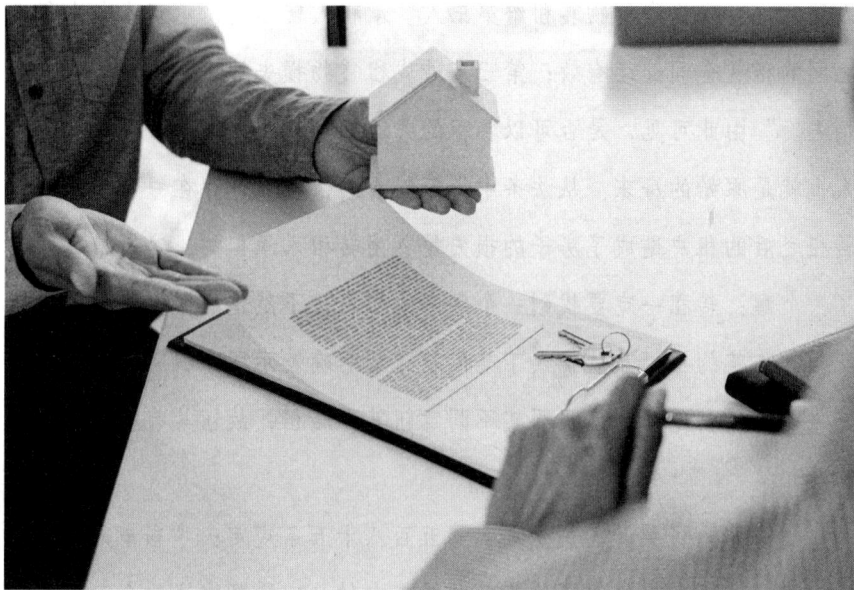

5月16日，陈某的祖母兼监护人丁某向钮某出具说明，载明："丁某同意钮某将案涉房屋转租他人，并认可钮某之前对房屋向外出租的事实。"

[法律问题]

钮某是否有权转租案涉房屋？江某承担什么样的违约责任？

[法律分析]

转租在出租房屋中时有发生，大多数纠纷都需要三方在一起协商解决问题。如果问题并没有被协商解决，又应该怎么维护自身权益呢？又有哪些法律依据呢？

《中华人民共和国民法典》第七百一十六条规定："承租人经出租人同意，可以将租赁物转租给第三人。承租人转租的，承租人与出租人之间的租赁合同继续有效；第三人造成租赁物损失的，承租人应当赔偿损失。"由此可见，是否可以转租的关键条件是出租人是否同意。出租人也就是原始的房东。从法条中也可以看到，转租是存在一定风险的，转租之后的租户造成了房子的损失是要由转租人承担的，这也给人们提了一个醒：转租一定要找到一个靠谱的租户，不然造成了损失要由自己承担。陈某的祖母兼监护人丁某代表陈某明确表示同意钮某转租，且江某未能提供其他证据证明周某不同意钮某再转租，故钮某有权将房屋转租给江某。

《中华人民共和国民法典》第五百八十五条规定："当事人可以约定一方违约时应当根据违约情况向对方支付一定数额的违约金，也可以约定因违约产生的损失赔偿额的计算方法。约定的违约金低于造成的损失的，人民法院或者仲裁机构可以根据当事人的请求予以增加；约定的违约金过分高于造成的损失的，人民法院或者仲裁机构可以根据当事人的请求予以适当减少。当事人就迟延履行约定违约金的，违约方支付违约金后，还应当履行债务。"

可见在我国的相关法律规定中，没有法定的违约金，只有约定的违约金。这也意味着如果合同中没有关于违约金的约定，出现违约行为时，守约方不能用违约金的形式追究违约责任。合同中对于违约金的约定，可能是具体的违约金数额，也可能是关于违约金的计算方法。通常情况下，违约方应当按照合同来执行，并承担合同中约定的违约责任。

但是违约金约定过低或过高，都会不符合公平原则，在这个时候可以请求人民法院或仲裁机构对违约金进行适当的调整。基于这点，人民法院判决江某于判决生效之日起10日内支付钮某租金2000元、违约金5000元，并赔偿钮某损失4000元，合计1.1万元。

违约金可以由人民法院或仲裁机构进行调整，但是这并不意味着人们可以随意约定，最后觉得数额不合适都诉诸法律。因为有关机构的调整也是依照法律来进行的，并不是随意增减的。因此在签订合同时，要合理地约定违约金。

[案例拓展]

现实中租房会出现很多令人想象不到的问题，比如将房子出租的人并不是房主，而是"二房东"这种将房子转租出去的人；租户在房屋出现问题时发现合同并未约定相关事项，导致无法维权；租房时，合同双方都没有详细约定房东与租户之间的权利义务。人们应该在现实中如何规避这样的问题呢？可以注意以下几个方面的问题：

1. 签订合同需要房东出示本人的身份证和房屋的所有权证，同时承租人需要复印件一份，经过充分检查后签订合同。租赁合同中要对房屋具体信息予以载明，如房屋地址、合同履行期限，合同上的房屋信息要和房屋所有权证上的信息一致。

2. 房屋中的设施也需要在合同中载明，家电和家具的完好情况也需要注明，避免之后的纠纷。如果承租人对房屋进行装修，双方也应当就装修进行约定并达成一致。相关费用（如水电、通信等费用）由哪一方支付，也需要明确在合同中。

3．租金方面也应该明确约定，要确保在合同签订之后不会产生其他额外的费用。合同签订时，需要房东到场。如果是与房东的委托人签订合同的话，那就需要注意一些事项。房东委托他人到场签订合同，代理人需要出示房东签订的授权委托书，里面应该明确记载委托人和代理人的身份信息，并且要写明"本人委托代理人替本人办理相关租房事宜"。如果代理人没有相关手续，可以拒绝签订合同，以此来避免被骗。

4．当出租人并不是房东的时候，签订合同一定要注意。转租这种情况风险很大，承租人很可能被骗，也有可能转租人转租并没有征得房东同意。因此在这种合同签订之前，要询问房东，将房东也作为一方写入合同中，这样可以保护自己的权益，防止被骗。

第四章
合同的违约责任

问题1：
买房人违约是否应向中介公司承担违约责任？

［案例］

2019年4月13日，全房公司作为丙方，刘某、马某作为乙方（买受人）及案外人王某、倪某作为甲方（出卖人）签订《存量房买卖合同》一份，约定王某、倪某将自有房地产转让给刘某、马某，约定房屋成交价为139.8万元；该房款由刘某、马某分3次向王某、倪某付清，第一次于2019年4月13日支付定金2万元，第二次于2019年6月14日前支付136万元，第三次待水、电、气、物业交付过户当日支付1.8万元；在第二次付款当日，王某、倪某协助刘某、马某办理产权转移登记手续；刘某、马某支付全房公司中介费1.9万元，双方签字后中介费不退（双方签字后中介费必须付清）；签合同当日，中介费应该付清，如签合同当日有欠中介费的，到过户前必须向全房公司付清，否则不予过户，同时刘某、马某依逾期天数按日向全房公司支付逾期应付款的5%的违约金，直到付清为止。本合同手写项填写内容与印刷文字内容不一致的，以手写项为准。合同违约责任部分载明：如刘某、马某中途违约，应及时书面通知王某、倪某，购房定金归王某、倪某所有；如王某、倪某中途违约，应及时书面通知刘某、马某，并应在毁约之日起3日之内双倍返还购房定金给刘某、马某；违约方同时承担向全房公司支付合同值4%的中介费，并承担因此而产生的诉讼费和律师代理费。上述合同中"违约方同时承担向全房公司支付合同值4%的中介费，并承担因此而产生的诉讼费和律师代理费"为印刷体，"刘某、马某支付中介费壹万玖仟元整给丙方"中"壹万玖仟"四个字为手写。同日，刘某、马某向全房公司交付中介费1000元。2019年5月31日，刘某、马某向全房公司及王某、倪某发送《解除购房合同通知书》一份，表明由于个人原因要求解除合同。故全房公司诉至法院要求刘某、马某立即支付中介费55920元、律师代理费1万元，并承担本案诉讼费用。

[法律问题]

中介费金额是如何确定的？刘某、马某是否应向全房公司承担违约责任？

[法律分析]

很多人对于中介合同并不理解，在支付中介费用的时候并不情愿，甚至有的人在中介提供机会之后，自己与卖家或房东签订合同。这是一种不诚信的行为，俗称为"跳单"。其实中介合同是有法律依据的。

《中华人民共和国民法典》第九百六十一条规定："中介合同是中介人向委托人报告订立合同的机会或者提供订立合同的媒介服务，委托人支付报酬的合同。"法律条款已经明确规定中介合同的性质，并从法律层面肯定了中介合同的存在，所以人们以后在签订中介合同的时候不要轻易去违约，因为这样会承担违约责任。当然，这也需要人们从内心去认同中介合同作为一种合法合同存在的事实。

《中华人民共和国民法典》第九百六十三条规定："中介人促成合同成立的，委托人应当按照约定支付报酬。对中介人的报酬没有约定或者约定不明确，依据本法第五百一十条的规定仍不能确定的，根据中介人的劳务合理确定。因中介人提供订立合同的媒介服务而促成合同成立的，由该合同的当事人平均负担中介人的报酬。"这一法条明确了中介合同的合理性。也就是说，日常生活中的中介方是理应得到报酬的。即使在报酬约定不明确的情况下，也可以根据中介人的劳务合理确定。这样就可以看出，法律在认可中介合同的同时，也保护了中介人的劳务报酬。那么在出现违约的情况时，中介人是可以依据法律来请求违约人支付报酬的。

首先，对于合同值4%的中介费内容约定在合同违约责任部分，该部分内容是针对房屋买卖双方违约责任的相关约定，即违约方除承担定金损失外，还须同时承担向全房公司支付中介费的责任。该约定的目的是确认一方违约时中介费由违约方承担，而非确认违约时的中介费金额。其次，全房公司提供的中介服务在促进刘某、马某与卖方订立合同后已完成，合同约定的办理房屋过户等事宜仅为全房公司提供的附加服务，买卖双方在履行合同过程中是否违约并不会损害全房公司的合法权益，不存在向全房公司承担违约责任的情况，这一点从合同约定的"合同值4%"是"中介费"而非"违约金"也可以看出。最后，全房公司系提供房屋中介服务的专业主体，交易合同系由全房公司制作、提供，全房公司作为中介合同第三方，并不涉及合同违约责任。综上，全房公司主张刘某、马某另行支付中介费55920元缺乏事实依据，法院不予支持。

所以再次提醒，中介合同也是合同的一种，不要轻易去违约，否则将会承担违约责任。

[案例拓展]

何为"跳单"，后果又如何呢？

在中介合同中，委托人委托中介人寻找交易机会并让中介人提供签订合同的中介服务，委托人支付一定的报酬给中介人。对于房屋买卖而言，很多买家因为最终房屋没有过户，觉得不应该支付中介费用。这在法律上站不住脚，因为中介合同只需要提供订立合同的机会和订立合同的媒介，并不需要保障主合同的履行。而且需要注意的是，民法典在中介合同方面有了新的规定。《中华人民共和国民法典》第九百六十五条规定："委托人在接受中介人的服务后，利用中介人提供的交易机会或者媒介服务，绕开中介人直接订立合同的，应当向中介人支付报酬。"这是一条"禁止跳单条款"，也是对诚实信用原则的重申。在该规定下，二手房买家如果通过中介看房，最后绕过中介直接与业主签订合同便是"跳单"，中介可以对其进行起诉。

现实中，如果一个房源有很多中介机构在同时推荐，买家也通过多家中介看了此房，最后买此房时选择了一家收费较低、服务好的中介支付中介费，其他中介机构是否能起诉买家"跳单"呢？通过市场公开自由选择一个中介，这种行为不构成"跳单"。在涉及"跳单"诉讼中，中介具有对"跳单"的举证责任。中介机构需要证明买家通过自己了解房源信息，直接与卖方签订了合同，但是未付中介费的事实。而买房人具有抗辩的举证责任。在抗辩中介费的支付中，建议不要简单说买房合同没有履行完毕，而需要提供中介在服务中隐瞒重要信息或者提供虚假信息的事实。

跟中介签订合同要注意哪些问题呢？

第一，看两证，仔细辨真假。

中介合同中的两证主要指资格证和经营许可证。只有经营许可证而没有资格证书的，这种机构只能够提供一定的房屋咨询服务，对于房屋的买卖等中介服务是没有资格从事的。如果只有资格证而没有经营许可证的，则属于无证经营。两个证件必须齐备，二者缺一不可。在寻求中介服务时最好找两证齐全的房产中介机构，不然出现了纠纷会维权困难。

两证齐全才是正规合法的房产中介机构，提供的服务会更有保障。所以准备找中介公司买卖、租赁房屋时，一定要看其是否具备两证。需要提醒人们注意的是，在看两证时，一定要细辨真与假，要坚持看原件，不要看复印件，最好把注册号记下来，因为有些非法中介机构利用复印件弄虚作假。如果与两证齐全的中介机构发生纠纷，权益受到侵害，可以向消协或行政主管部门投诉，一定会得到处理和解决。

第二，签合同要尽量仔细。

目前与中介公司有关的房屋投诉案件有增无减，分析起来可以归纳为"两多"：一是被投诉的多为两证不齐的中介公司；二是产生纠纷的原因多为合同条文界定不清。

第三，选机构尽量选择大机构。

这里的大，指的是中介公司的规模大。一般说来，规模大的中介机构，其专业人员数量多、水平高，信息资源丰富，中介行为也比较规范。目前国内房产中介公司的一个通病是规模过小。规模小往往造成实力弱，信息量及信息流通范围都受到局限。一些中介公司为了招揽客户，连吹带侃、信口开河、坑蒙拐骗也就不足为奇了。所以，选择中介公司时，选择规模大些的相对更为可靠。

第四，挑选中介公司代理的可信房源。

中介公司除了提供出租人和承租人双方的服务外，还有一种代理方式，即业主把房源委托给中介公司，双方签订合同，中介公司先行审查业主所有的证件，并先行付款，所有的风险中介公司先行承担，租户再跟中介公司签订租赁合同。如果因为中介公司不小心被骗导致租户被骗，中介公司要承担所有的费用。对于租户来说，这种房源相对可信。

一般找正规的中介公司代理房源还是可信的，但是一定要进行一些防范措施。例如，提供给对方的证件必须是复印件，而且所提供的证件上统一标示"仅供租房使用"。租住一些由中介公司代理的房屋时，要注意合同中房东是否允许中介公司代签合同、代收房租。有些时候，中介公司只是将房屋承租然后又高价转租出去，房东并不知情。这种情况一旦发生，房东一旦收回房屋，承租人必然增加了很多麻烦。租户既没有了住的地方，找中介公司维权也会消耗大量精力，得不偿失。

问题2：
乘坐飞机时，出现的违约责任如何认定？

[案例]

2018年7月20日，原告通过被告官网购买了2018年12月29日从A市机场出发，中转B市机场，到达奥克兰国际机场以及2019年1月13日返程的机票，实际支付票价11614元。依据被告向原告出具的电子客票行程单显示，第一航程为2018年12月29日10：55从A市飞往B市的、由被告承运的HU7208航班，舱位为公务舱C。第二航程为同日17：30从B市飞往奥克兰的、由被告承运的HU7931航班，舱位为公务舱I。后因被告取消了原10：55起飞的航班，为原告调整为16：35起飞、19：20落地的航班。原告方收到航班变动通知后致电被告客服热线，被告客服人员回复称原10：55起飞的航班取消，但调整后的航班中转时间不够，与原告后续航班衔接不上，被告客服人员又为原告调整成由第三人承运的起飞时间为9：10的MU5335航班，并称MU5335航班是能够与原告的后续国际航班衔接的最早航班，其他航班都衔接不上。于是，原告同意被告对航班进行调整。

2018年12月29日当日，原告乘坐第三人承运的MU5335航班从A市机场飞往B市机场。在办理值机手续时，原告被第三人告知该航班公务舱超售，如继续乘坐该航班，只能降舱乘坐经济舱座位。原告为确保后续行程成行，选择乘坐MU5335航班经济舱座位，由第三人出具了《电子客票非自愿降舱证明》，内容为由于换机型超售，该旅客非自愿降低舱位等级，由J舱降至Y舱。因此，被告给予原告400元现金补偿，原告予以接受，并签署了《非自愿降舱补偿确认书》。确认书上载明了原告确认上述补偿方案视为对于本人在2018年12月29日乘坐MU5335航班过程中由于超售未能享有原定舱位等级座位与服务而引起或可能引起的一切纠纷，包括但不限于损失赔偿、费用支出等的最终解决。

被告与第三人及其他航空公司之间签订有《国内航线不正常航班客

票签转及结算协议》，适用于协议一方承运的航班出现不正常情况，造成旅客无法按期旅行而导致旅客非自愿变更承运人或航程，而将旅客转签至协议另一方航班上。被告依据上述协议将原告客票签转至第三人承运航班上，并向第三人支付了147.6美元的签转费用。

原告认为，被告取消原定航班，擅自将原告签转至第三人承运的航班，第三人航班发生超售，原告因后续国际航班的行程时间紧迫，故不得已接受了第三人的补偿并降舱乘坐第三人的航班，当时第三人的服务人员引导原告可向被告主张经济损失。回程之后，原告也通过被告客服电话以及工商部门向被告主张赔偿，均协调未果，故起诉要求被告支付原告因A市至B市航段乘坐的航班舱位超售造成原告舱位降级的赔偿费1161元。

[法律问题]

1. 原告提起的诉讼性质如何？

2. 在第三人做出赔偿后，原告是否还有权向被告主张承担违约责任？

[法律分析]

有关航空服务的合同和问题，民法典中并没有相关规定。那么人们在遇到类似纠纷的时候应当如何保护自身权益呢？

《中华人民共和国民法典》第五百二十三条规定："当事人约定由第三人向债权人履行债务，第三人不履行债务或者履行债务不符合约定的，债务人应当向债权人承担违约责任。"第三人主要是指合同双方之外的一方，因为并不参与签订合同，所以被称为第三人。当第三人不履行债务或者履行债务不符合约定的时候，为什么债务人要向债权人承担责任呢？这主要是因为法律对于弱者的保护，在债务中优先保护债权人，更希望债权人的利益能够得到实现。也就是说，当第三人没有履行债务时债权人是可以找债务人要求其承担责任的。这提醒了广大债务人，在双方约定由第三人履行债务时，一定要谨慎选择第三人，因为第三人一旦不履行，那么债权人最终还是会找到自己。这也提醒了债权人，就算第三人没有履行债务，也可以找到债务人要求其履行债务，这并不会损害债权人自己的利益。

《中华人民共和国民法典》第五百八十三条规定："当事人一方不履行合同义务或者履行合同义务不符合约定的，在履行义务或者采取补救措施后，对方还有其他损失的，应当赔偿损失。"这里的条文应该做这样的理解：如果当事人一方不履行合同义务或者履行合同义务不符合约定，是需要为此承担相应责任的，即继续履行或者采取补救措施。债务人需要在一定的期间内采取补救措施，有时债权人的损失过大，即便采取补救措施也难以补救，这时债权人还可以要求债务人赔偿其他的损失。这些损失主要包括：（1）债务人因违约给债权人造成的损失；（2）违约之后没有继续履行或履行行为不符合约定给债权人造成的损失；（3）债务人即便之后继续履行也会给债权人造成的损失；（4）补救措施给债权人造成的损失；（5）补救措施不能弥补债权人的损失。

本案第三人在代为履行运输义务过程中公务舱发生超售，导致原告非自愿降舱，无法乘坐合同约定的公务舱座位，属于第三人对原告存在履行债务不符合约定的情形，第三人亦构成违约。因客观上公务舱与经济舱之间的票价存在一定价差，所以本案中原告的降舱损失实际发生。原告虽无法举证该航段的降舱差价，被告抗辩国内段票价为0亦不合常理，最终法院参考行业惯例、依据全额赔偿和损失填平原则，对原告已从第三人处获得赔偿400元进行抵扣后，酌定由被告再向原告支付降舱损失500元，该处理并不构成重复赔偿。

[案例拓展]

乘坐飞机与乘坐火车、客车有很大不同，除了享有旅客的基本权利之外，航空旅客维护自己权利还应从这些方面入手：

第一，关于诉讼责任主体选择。

1. 在连续运输的情况下

在连续运输中，连续承运人的责任划分是关键。每个连续承运人都只对发生在运输阶段的损失负责，这些损失包括但不限于：旅客的人身伤害、货物行李的损坏或遗失、货物行李托运中的延误。在旅客运输时，通常每个承运人都只会对自己运输阶段所发生的损失承担责任，而作为旅客或其他受害者也只能对本阶段的承运人提起诉讼，不能对其他无关的承运人提起诉讼。以上只是法定情形，合同中是可以约定一些责任承担方式的。比如在合同中双方约定第一承运人承担全程的全部责任的，那么作为旅客或其他受害者是可以追究第一承运人的责任并对其提起诉讼的。货物运输中则是另一种情形，对第一承运人提起诉讼的通常都是托运方，对最后承运人提起诉讼的通常是收货方。无论何时，托运方和收货方都有对货物发生损失的运输阶段的承运人提起诉讼的权利。行李托运时，旅客既是托运方又是收货方，一人拥有双方的权利，所以受损失的旅客想要诉讼的责任主体的选择是很多的。不仅可以追究第一承运人和最后承运人的责任，也可以追究行李损坏的运输阶段的承运人的责任。

在连续运输时，所有的承运人都承担连带责任。如果旅客、托运方、收货方在连续运输中出现了损失并提起诉讼，那么是可以将任何一个承运人作为被告的。不管损失是否发生在这个阶段，被告承运人都应当赔偿损失。之后被告承运人可以向其他有责任的承运人追究责任。

2. 在多个承运人并存的情况下

提起诉讼的人是有选择权的，按照自己的意愿可以选择向实际承运人或向缔约承运人提起诉讼，可以只选择一方，也可以将双方共同告上法庭。当只对一方提起诉讼时，被告的一方可以让没被起诉的一方也来参加庭审。为了避免原告获赔数额超过自己的损失，原告在诉讼中所获得的赔偿数额都是相同的，而且赔偿是有限额的，并不会无限增长。

第二，关于举证责任的承担。

《中华人民共和国民用航空法》对于旅客人身和行李的损害适用严格责任制和过失推定责任制。推定承运人负赔偿责任，承运人负有举证责任。通俗来说，受损害的一方通常不用承担举证责任，只有少数情况下需要受损害的一方承担举证责任。比如，旅客、托运方等如果在承运方交货和行李时没有对质量提出疑问，那么就认定为此时的货物和行李是完好无损的。那么在之后的诉讼中就要自己拿出证据来证明货物和行李是在运输途中损坏的。

如果损失的发生是承运方或者其受雇人、代理人的故意造成的，且受雇人、代理人经过了承运方的授权，在授权中将货物和行李损坏，那么承运人需要对损失承担赔偿责任，且责任类别为无限责任。但是举证责任由原告来承担。

承运方有时为了避免旅客或托运方维权，会私下找到旅客或托运方进行赔偿，但随后又食言不进行赔偿。这有可能构成欺诈，需要原告举证。

第三，关于索赔异议的期间问题。

在航空运输中，一旦行李和货物受到任何损坏，受害人都可以对承运方提出异议，但是异议是有期间限制的，错过了期间不主张权利就丧失了权利。以下是一些关于期间的规定：

托运的行李发生损失的，提出异议的期间是实际收到行李之日起7日内。

与行李不同，货物发生损失的，提出异议的期间是实际收到货物之日起14日内。

发生托运延误时，提出异议的期间是在物品交付对方处置之日起21日内。

提出异议的方式最好是书面方式，这样便于保存且可以成为有力证据。

第五章

赠与合同

看了就能懂的
法律常识
合同纠纷
KANLE JIU NENG DONG DE
FALÜ CHANGSHI
HETONG JIUFEN

问题1：
夫妻间通过赠与方式办理产权变更登记的性质如何认定？

[案例]

　　2006年7月4日，林某向案外人振嵘公司购买了家家海景花园房屋一套（案涉房屋），总价款为813418.2元，其中首付款253418.2元，余款56万元通过按揭方式支付。2006年8月14日，林某又向案外人振嵘公司购买了家家海景花园车位一处（讼争车位），总价款为12万元。此后，该车位产权登记在林某名下。2009年11月9日，林某与马某萍登记结婚。2015年10月15日，林某与马某萍签订了一份《夫妻财产约定》，约定讼争车位归马某萍个人所有，不再作为夫妻共同财产；次日，双方在房屋权属登记机关依据上述《夫妻财产约定》办理了产权过户登记手续，将讼争车位产权变更登记至马某萍名下，产权来源登记为"赠与"。2015年11月17日，林某与马某萍签署《离婚协议书》并办理离婚登记手续。前述《离婚协议书》约定：1. 女儿林某安、儿子林某骞由女方抚养，随同女方生活，抚养费由男、女双方分摊。2. 存款：双方名下现有银行存款共10万元，双方各分一半，为5万元。3. 房屋：（1）夫妻共同所有的、位于泉州市安溪县城厢镇建安大道4号房屋的所有权归男方所有；（2）女方名下位于A市思明区房屋为女方个人财产，属女方所有；（3）女方名下位于A市思明区车位为女方个人财产，属女方所有。4. 其他财产：双方各自名下的其他财产归各自所有，双方各自的私人生活用品及首饰归各自所有。5. 债务的处理：男方和女方共同对B市百应公司有500万元的债务，该债务本金和利息由双方共同偿还；男方和女方共同对李某有900万元的债务，该债务本金和利息由女方负责偿还；其他如有被认定为共同债务的债务，由男方承担。除上述债务外，如任何一方对外负有个人债务的，则由负债方自行承担。

林某自2010年开始陆续向案外人王某村借款，双方于2016年1月1日签署一份《欠款协议》，约定"林某现欠王某村先生1300万元整，经双方协商，同意林某以安溪宝龙城市广场的铺位过户给王某村，同时扣除500万元债务，余额800万元。今年再安排200万元（包括宝德城东商城店面100万工程款抵押房款），剩余600万元整年后根据实际情况分期付款，利息按银行贷款利率支付，原借款协议作废"。

《欠款协议》签订后，林某以其于2012年以6342806元购买的安溪宝龙公寓抵偿王某村借款本金500万元，马某萍亦配合办理了该房屋产权变更登记手续。2017年4月17日，王某村将林某、马某萍起诉至B市人民法院，诉请判令林某、马某萍共同偿还借款本金640万元及相应借款利息。该案中，王某村因财产保全需要于2017年4月12日向A市国土房产测绘档案管理中心申请调取了讼争车位的土地房屋登记卡。2017年

12月18日，B市人民法院做出民事判决，判令林某、马某萍于判决生效之日起10日内返还王某村借款本金600万元及支付相应利息。后林某、马某萍提起上诉，人民法院于2018年6月21日做出民事判决，撤销了前述一审判决，改判林某于判决生效之日起10日内返还王某村借款本金600万元及支付相应利息，该判决已于2018年6月29日发生法律效力。该判决认定"由于本案借条未经马某萍共同签字或事后追认，王某村在诉讼中未能提供证据证明本案债务系用于林某与马某萍夫妻共同生活、共同生产经营或者基于夫妻双方共同意思表示，故马某萍对本案借款不属于夫妻共同债务的上诉主张，理由成立，予以采纳"。

[**法律问题**]

林某将讼争车位产权变更登记至马某萍名下的行为属何种法律性质？

[法律分析]

关于林某将讼争车位产权变更登记至马某萍名下的行为属何种法律性质，可以这样分析：讼争车位虽在2015年10月16日以赠与方式办理了产权变更登记，但林某与马某萍此后也已于2015年11月17日办理了离婚手续，并在《离婚协议书》中再次就讼争车位进行分割；双方在较短时间内完成前述产权变更登记及协议离婚手续，变更登记内容也与离婚协议内容相符，且客观上协议离婚的过程具有持续性，夫妻通过赠与方式办理产权变更登记亦符合常理。因此，应认定该变更登记系对离婚协议内容的实际履行，林某和马某萍在办理讼争车位产权变更登记时的真实意思表示系分割双方离婚时的财产。

[案例拓展]

关于夫妻间财产的划分，《中华人民共和国民法典》第一千零六十二条中对于夫妻共同财产做出了规定："夫妻在婚姻关系存续期间所得的下列财产，为夫妻的共同财产，归夫妻共同所有：（一）工资、奖金、劳务报酬；（二）生产、经营、投资的收益；（三）知识产权的收益；（四）继承或者受赠的财产，但是本法第一千零六十三条第三项规定的除外；（五）其他应当归共同所有的财产。夫妻对共同财产，有平等的处理权。"

从这一规定中可以看出，在婚姻关系形成之后，双方取得的财产除有特别约定之外，都属于夫妻双方的共同财产。这也是我国在婚姻财产分配上所采取的婚后所得共同制，夫妻对共同财产都享有平等的处理权利，让双方都可以对财产自由支配，建立了平等的婚姻关系。值得注意的是，这里的共有是一种共同共有，而不是按份共有。共同共有中双方平等地享有权利和承担义务，并且彼此不分份额。只有当共有关系终止时，双方才会分出各自的份额。

夫妻双方应互相扶助、彼此忠诚。如果需要离婚，可以采取协议分割财产的方式。

问题2：
亲属间赠与财产的合同性质如何认定?

[案例]

2016年6月，案外人马某杰在明知制川乌有毒性的情况下，将自己配制的含制川乌等中药成分的3瓶药酒（瓶身标有"打工皇帝"字样，颜色呈褐色），以每瓶300元的价格卖给孙某银、李某夫妇。2016年7月的一天，李某见孙某银饮酒后疾病症状有所缓解，即通过女儿孙某园将其中一瓶未开封的药酒赠与同样患有腰腿疼痛病的亲家巫某春服用。2016年8月30日18时许，巫某春吃晚饭时喝了该药酒后身体不适，出现口唇麻木、呕吐等症状，后送至医院抢救，经抢救无效死亡。经鉴定，巫某春符合因乌头碱（制川乌中的剧毒成分）中毒致呼吸循环衰竭而死亡的情形。后因为此事原告巫某与被告的女儿孙某园离婚。2017年11月23日，A市B区人民检察院向A市B区人民法院提起公诉，指控马某杰犯过失致人死亡罪。诉讼中，本案三原告人提起附带民事诉讼。2018年

12月21日，A市B区人民法院做出刑事附带民事判决，认定："一、被告人马某杰犯过失致人死亡罪，判处有期徒刑3年，缓刑4年（缓刑考验期限，自判决确定之日起计算）。二、被告人马某杰赔偿附带民事诉讼原告人戴某美、巫某、巫某山医疗费5795.3元、丧葬费36342元、餐饮费9650元、交通费11元，赔偿戴某美误工费8400元，赔偿巫某误工费3733元；上述费用于判决生效之日起十日内支付。三、驳回附带民事诉讼原告人戴某美、巫某、巫某山的其他诉讼请求。"

宣判后，三原告不服该判决提出上诉。巫某春的近亲属戴某美、巫某、巫某山认为，李某与巫某春之间形成赠与合同关系，李某赠与巫某春药酒的目的是缓解巫某春的腰腿疼痛，其应当在保证巫某春生命安全的情况下提高巫某春的健康水平，但李某赠与的药酒中含有致命的乌头碱成分，导致巫某春死亡的严重后果，违反了李某赠与巫某春的初衷，严重违反了合同目的，李某的行为已严重侵犯了巫某春和三原告的合法权益，并造成了无可挽回的后果，故请求判令李某支付三原告死亡赔偿金94.4万元、丧葬事宜的实际支出55055元、精神损害抚慰金15万元、原告巫某山的被扶养人生活费49103.33元，共计1198158.33元，并承担本案诉讼费用。2019年4月12日，A市中级人民法院做出刑事附带民事判决书，判决驳回上诉，维持原判。

[**法律问题**]

亲属之间成立赠与合同，受赠人遭受损失的，赠与人应否承担责任?

[法律分析]

在人们的一般思维中，送给别人东西似乎是一种做好事的行为，但是在法律上，送人东西也同样需要承担一定的法律责任。如果送给别人的东西有问题，或者导致别人受到了伤害，那么也是要负责的。法律上有这样的规定。《中华人民共和国民法典》第六百六十二条规定："赠与的财产有瑕疵的，赠与人不承担责任。附义务的赠与，赠与的财产有瑕疵的，赠与人在附义务的限度内承担与出卖人相同的责任。赠与人故意不告知瑕疵或者保证无瑕疵，造成受赠人损失的，应当承担赔偿责任。"在买卖合同中，出卖方应当承担质量瑕疵担保和权利瑕疵担保责任，当买受人因标的物瑕疵而受到损害时，出卖方应当承担损害赔偿责任。此条规定可以做这样的理解，共分为两个方面：一方面，赠与的财产出现瑕疵时，赠与人一般是不用承担责任的。另一方面，在特殊的情况下，赠与人需要承担责任。在附义务的赠与时，赠与的财产如有瑕疵，赠与人需在受赠人所附义务的限度内承担与出卖人相同的责任。附义务的赠与虽然受赠人获得了利益，但需要履行约定义务。比如说，赠送的东西有问题，使受赠人遭受了损失，那么这不仅是伤害了受赠人，也是对合同义务的违反。为保护受赠人的利益，以求公允，应由赠与人承担瑕疵担保责任。本案中，李某的赠与并没有获得利益，且李某本人不知道药酒有毒，她不应当承担责任。

[案例拓展]

第一，使用别人送的东西导致自己受伤，送的人有责任吗？

在法律上，送的行为被称为赠与。在使用赠与物后造成自己受伤的，赠与人是否承担责任，要根据具体的情况而定。

首先，赠与如果是不求回报的，也就是人们所说的无偿赠与，赠与人是不需要承担责任的。无偿赠与是一种免费的赠送，既然是免费赠送的，那么在使用后出现情况还要找送的人负责，导致赠与人的责任过重，估计以后就没人敢送东西给别人了。

其次，在无偿赠与的时候，赠与人也要注意，赠与物品是否有瑕疵和问题。如果有一定的问题，这需要及时地告知受赠人；如果故意不告知，受赠人在使用的过程中受伤，这时赠与人需要承担一定的责任。

虽说不能过分地加重无偿赠与人的责任，不过要是赠与人明知要赠与的东西有瑕疵还不告知，主观上是存在过错的，导致使用的人受伤的，需要承担一定责任。如明知道护肤品或者保健品可能造成他人人身受损的，没有告知他人的，给受赠人造成伤害的，就要负相应的责任，不能以无偿赠与为由来免除自己的责任。

再者，附某些条件或期限赠与的东西致使他人受伤，应当承担损害赔偿责任。此时，双方类似于买卖合同中的双方，赠与物导致受赠人受到损害，赠与人也就需承担类似买卖合同的违约责任，进行适当的赔偿。

因此，赠与人需不需要承担责任要根据实际情况来确定。作为赠与人在向别人赠送物品的过程中，如果物品存在瑕疵，就要及时地说出来，避免承担不必要的责任。

第二，买卖合同纠纷中，产品质量问题举证责任应该由谁承担？

买卖合同产生纠纷的情况下，产品质量问题举证责任由卖方承担。因产品质量发生纠纷的时候应这样处理：

当事人约定优先，有约定应该从其约定。

合同生效之后，当事人关于质量、价款或者报酬、履行地点等内容如果没有约定或者约定不明确的，可以再进行协议补充；如果仍然不能达成补充协议的，按照合同有关条款或者交易习惯确定。

卖方在出卖标的物时，通过产品介绍、产品说明书等形式对标的物品质进行的说明。如果合同中没有明确的约定，则该说明构成卖方对标的物品质的明示担保。交付的标的物如果与说明中的实物不符，那是属于质量不符合要求，可能会被追究责任。

第三，送别人的东西能要回来吗？

1. 赠与的任意撤销

任意撤销主要是指赠与合同成立之后，在赠与行为尚未完成前，赠与人可以将赠与行为取消，从而不用再进行赠与。这主要是因为赠与是一种无偿的行为，赠与人是可以撤销的，并没有对受赠人造成损失。有

看了就能懂的
法律常识
合同纠纷
KANLE JIU NENG DONG DE
FALÜ CHANGSHI
HETONG JIUFEN

时候即使赠与合同已经成立了，赠与人如果有某些特殊情况，也是可以将赠与撤销的。而且，由于赠与合同可能是因为一时冲动而订立的，不允许赠与人撤销的话，那就太不通人情了，对于赠与人来说也不公平。

当然，对赠与合同也并不是没有限制的，否则就会让赠与合同丧失任何约束力，既对受赠人不公平，也是对诚实信用原则的违背，更无法保护受赠人的权益，冲击了社会道德。因此对赠与的撤销应当有所限制，主要在以下几个方面：

（1）赠与的是财产时，已经完成赠与行为的，不得行使任意撤销权。赠与的财产一旦完成了转移，赠与行为也就宣告完成，因此赠与人不得撤销。但是如果赠与只完成了一部分，未赠与的部分仍然可以撤销。

（2）经过公证的赠与合同，不得行使任意撤销权。经过公证的合同就是经有关部门确认的，这也表明双方是充分表达了自己的想法的，经过慎重思考后达成的合同具有约束力，不能再任意撤销。

（3）社会公益、道德义务性质的赠与合同，不得行使任意撤销权。公益性质的赠与主要是为了救灾、扶贫、助学等目的或为了资助公共设施建设、环境保护等公共事业做出的赠与行为。这种行为是不可以随意撤销的。道德上的赠与不可撤销，因为如果撤销之后将会和道义不符，就违背了当时赠与的初衷。这样的合同，无论当事人是否公证和转移财产，都不可行使任意撤销权。

2. 赠与的法定撤销

法定撤销是指出现了法律规定的可以撤销合同的情况，基于法律规定，对赠与合同进行撤销。不同的是，赠与人的继承人、法定代理人也可以代为行使这种权利。

赠与的法定撤销与任意撤销的不同点在于：

（1）撤销赠与需要出现法律规定的情形。法律规定的情形出现之后，不论赠与合同以何种形式订立甚至经过公证证明，不论赠与的财产是否已交付，也不论赠与是否属于社会公益和道德义务性质，有权行使撤销权的人均可以撤销赠与。

赠与行为本身就是让受赠人获得利益的无偿行为，如果受赠人反过来伤害赠与人，那么赠与人是可以撤销赠与行为的。法定撤销通常是适用于受赠人出现违约行为的时候。赋予赠与人依法撤销赠与行为的权利，也是对赠与人的一种保护，这可以让受赠人对于赠与人更加尊重，从而减少纠纷。

（2）赠与人的继承人和法定代理人代为行使撤销权的条件。赠与的撤销权正常情况下是由本人亲自行使的，他人无法代为行使。但是当赠与人无法行使权利时，继承人和法定代理人可以代替他行使，如赠与人死亡或丧失行为能力。此时不能因为赠与人不能行使权利而导致撤销权消失，应该让其他人代替他，维护他的正常权益。继承人和法定代理人不可以随便代替行使，只有在特定情况下才可以。

（3）撤销权的行使。赠与人的撤销权，应当自知道或者应当知道撤销原因之日起一年内行使。《中华人民共和国民法典》第六百六十四条规定："赠与人的继承人或者法定代理人的撤销权，自知道或者应当知道撤销事由之日起六个月内行使。"权利是需要行使的，如果长时间不行使不仅不利于保护赠与人的利益，也会给受赠人造成不必要的麻烦。因此，赠与人或者其继承人、法定代理人行使撤销权时应当在一定的期间内。赠与人行使撤销权的期间为一年；赠与人的继承人或法定代理人行使撤销权的期间为六个月，都是自知道或者应当知道撤销事由之日起计算。因为赠与人是合同中的一方，所以其撤销权行使时间相对较长；但是继承人或法定代理人并不是赠与人本人，法律也并未赋予他们过长的时间。超过时间不行使权利，权利就会消灭。

撤销权一经行使即告生效，赠与的法律关系也随之消灭。如果赠与财产尚未交给受赠人，赠与人可以停止赠与。如果赠与的财产已经交给受赠人，赠与人可以要求受赠人返还，受赠人也有义务配合赠与人的要求。

第六章

租赁合同

问题1：
出租人将房屋租给他人并签订租赁合同，原承租人还能主张优先承租吗？

[案例]

2013年8月5日，学校后勤公司作为甲方、冯某平作为乙方，双方签订了场地、房屋使用管理协议，约定甲方将北校区南部部分场地、房屋交予乙方开办驾校开展汽车驾驶员培训业务（A公司），期限自2013年9月1日起至2018年8月31日止；协议期满，乙方在同等条件下可优先续签。2018年8月29日，学校后勤公司向冯某平做出书面通知，要求其搬出并退还场地。冯某平于当日收到该通知后，于2018年10月1日向学校后勤公司做出书面保证，在2018年10月1日下午将所有车辆移出校园，停止校内经营，积极开展学员的善后工作。2019年1月21日，B公司受学校后勤公司委托，就该校北校区驾校项目以竞争性磋商方式进行采购。2019年2月2日，学校后勤公司、采购代理机构B公司向被告C公司做出成交通知书，告知C公司经竞争性磋商及磋商评审小组评定，被确定为该项目的成交单位，成交金额25.08万元，租赁期8年，并要求C公司自成交通知书发出之日起30日内与采购方签订采购合同。2019年2月23日，学校后勤公司作为甲方（出租人），C公司作为乙方（承租人），双方签订了学校北校区驾校场地房屋租赁合同。

[法律问题]

如何确定优先承租权的权利属性，其能否导致出租人与善意第三人签订的租赁合同无效？

[法律分析]

优先承租权是承租人所拥有的权利，而优先承租权到底是什么，法律并未明文规定，其性质如何确定，审判实务中如何处理，我们可以参考以下几点。

第一，优先承租权在我国现行法律中并无明确的法条依据。也就是说，优先承租权并不是法律规定的承租人应享有的一种民事权利，而是出租人和承租人在租赁合同中约定的期限届满后，如出租人继续出租租赁物，则承租人享有优先承租的权利。倘若出租人违反该约定，应对承租人承担违约责任。但是，约定优先承租权，并不意味着承租人在租赁合同期满后自然取得优先强制缔约的权利，而需要满足合同约定的同等租赁条件和合同各方当事人的协商自愿。因为优先承租权仅是一种债权，而出租人对租赁物的所有权是一种物权。

根据没有法律规定就没有权利的说法，优先承租权是否就不存在呢？优先承租权虽没有明确规定，但却是承租人享有的一种民事权利。在出租人与承租人的租赁合同履行完毕之后，出租人如果想要继续出租，那么承租人是可以优先承租的，这就是优先承租权。如果出租人违反了这种约定，是要承担一定的违约责任的。但是，约定而成的优先承租权并不是自然取得的，是需要双方当事人进行充分协商的。这是因为优先承租权仅是一种债权，而出租人对租赁物的所有权、占有权或者使用权则是具有物权性质的权利，出租人有权自主决定是否继续出租租赁物以及选择合同相对人。如果出租人在租赁合同期满后没有通知承租人协商续订租赁合同，而是将租赁物出租给他人，那就是违反了原租赁合同的约定，损害了原承租人的优先承租权，原承租人可以依据租赁合同的约定请求出租人承担违约损害赔偿责任。

第二，与优先购买权类似的是，承租人根据双方约定而获得的优先承租权实际上是一种债权。这种权利是一种相对权，并不能产生使出租人与其强制缔结的效力。因此，原承租人在出租人将租赁物出租给案外人的情形下，不能够请求与出租人强制签订租赁合同，也不能请求法院确认出租人与案外人签订的租赁合同无效，因为这是不符合优先承租权性质的行为，也是没有法律基础的。本案涉及承租人的优先承租权，在当事人双方之间产生债权的约束力：在合同期限届满后，当承租人以第三方提供的同等条款与条件提出缔约请求时，出租人需要与承租人订约，否则应当承担违约责任。

第三，恶意串通的情况也要注意。在实践中，经常出现出租人和案外人恶意串通，隐瞒真实的租金数额，以较高的租金为依据使原承租人在被蒙骗的情况下放弃自己继续承租的权利。此时，出租人与案外人签订的租赁合同就是恶意串通签订的，这样的合同是没有效力的。

但是，即便法院在此情形下确认合同无效，若出租方坚持不愿继续出租给原承租人，法院是很难强制双方建立租赁关系的。在当事人无法达成一致意思表示的情形下，如果强制适用，无疑是对出租方自由支配权的侵害，对其全面行使所有权形成限制。承租人也只能主张出租人的违约责任。

本案中涉及承租人的优先承租权，这种权利不能对抗善意第三人，因为善意第三人的承租权优先受到保护。如果租赁合同到期后，房屋继续出租的话，原承租人提出与案外人同等的条件来续约租赁合同，那么这时出租人需要与原承租人订约，否则将承担违约责任。因并无证据证明案外人与出租人有恶意串通导致合同无效的情形，原承租人要求确认承租人与案外人签订的合同无效的诉请无法得到法院的支持。

[案例拓展]

作为房东，房屋出租需要提前做好哪些准备呢？

第一，关于身份核验。

房东应该对租客的身份、工作等信息进行充分了解，不能只为了利益而没有充分了解，到时候出现纠纷是很难维权的。要充分核实租客身份，例如查看身份证、驾照等重要证件，对租客的姓名、居住人数都进行了解，并对租客身份证进行拍照，有条件可留存复印件一份。如果确有必要，可以在网上备案。

第二，关于租期的约定。

双方对于租期的约定可以自由一些，在不超过二十年的前提下，双方可随意约定。

第三，关于租房合同的内容。

租房合同的内容双方可以自由约定，但是需要达成一致后落实在纸面上。有新增或减少的条款需要在条文上按手印。对于室内的物品应列出清单，一旦有损坏可寻求赔偿。房款如何交付，付款期限是多久，损坏物品如何赔偿都可以自由约定。

第四，关于押金的预留。

在签订合同时都会预留一些押金，押金通常都是以押一付一或者押一付三的方式留存，这样在需要赔偿或违约时房东可以从押金中得到补偿，如果房屋比较新，首次出租时房东对房屋比较担心，押金可以多留一些。

第五，关于其他费用。

为了避免租客拖欠水电煤等日常费用，房东可自行先预留些费用，等租客退房时一起结算。

　　此外，如果在租房时房屋所有人由委托人代替其出租房屋，那应当出具房屋所有人所签订的委托书，这样才能证明委托人的身份。转租房屋时，需要房屋所有人同意。有些房屋属于公租房，在出租时可能还未取得所有权证，那么这时可以到所在单位开取相关证明，不影响合同效力。只有在取得房屋租赁许可证，并将相关税费缴清之后，其出租行为才是合法的。房屋租赁合同是有法律强制力的，想让合同经过法律确认，也可以到相关部门进行租赁登记。

⚖ **问题2：**
法定代表人以个人名义签字的租赁合同效力
如何？

[案例]

2016年6月5日，谢某华以承租人（乙方）的名义与A公司（甲方）
签订《厂房租赁合同》。合同约定：甲方同意将坐落于C市D县E村工业
园8号厂房出租给乙方作为经营生物科技公司之用，租赁厂房面积2400
平方米；租赁期限3年，自2016年7月1日至2019年7月1日；租金为每月
2.04万元，每半年支付一次。谢某华支付租金至2017年12月31日（尚欠
5000元租金未支付），自2018年1月1日起未再支付租金。2017年12月
26日4时许，上述厂房发生火灾，过火面积约为1600平方米。2018年3
月19日，D县公安消防大队出具《火灾事故认定书》，认定起火点位于
配电箱附近，起火原因可以排除放火、生产用火、雷击、自燃、飞火和
吸烟引起火灾等，不能排除电气故障引起火灾。经鉴定，租赁厂房拆除
重建费用为987416元。A公司于2019年诉至法院，要求解除与谢某华签

订的《厂房租赁合同》，判令谢某华支付拖欠的租金26.74万元（暂计算至2019年1月28日，之后至法院判决解除合同日止的租金），并赔偿A公司拆除重建费987416元，支付A公司垫付火灾扑救费用及代交电费合计17535元。经查，谢某华为Z公司法定代表人，将厂房承租下来之后，交由Z公司日常使用。Z公司对上述事实予以承认。经审理后判决Z公司对上述拖欠租金及赔款承担连带责任，诉讼费、评估鉴定费等均由谢某华与Z公司承担。

[法律问题]

1. 租赁合同的相对方是谢某华还是Z公司？

2. 本案财产损失的认定及租金的计算是怎样的？

[法律分析]

关于本案主体的问题。租赁合同抬头部分及落款处记载的承租人为谢某华，但是合同中有明确租赁物为厂房，且厂房系用于经营生物科技公司。谢某华为Z公司的法定代表人，其以个人名义签订的租赁合同，事后得到Z公司的追认。从Z公司的营业执照以及《火灾事故认定书》均可以看出，该公司的经营地址为租赁厂房，可见Z公司才是租赁合同的实际承租方。谢某华与Z公司关于合同主体是Z公司的主张，法院予以认可。

关于解除合同，有着以下规定。《中华人民共和国民法典》第五百六十三条规定："有下列情形之一的，当事人可以解除合同：（一）因不可抗力致使不能实现合同目的；（二）在履行期限届满前，当事人一方明确表示或者以自己的行为表明不履行主要债务；（三）当事人一方迟延履行主要债务，经催告后在合理期限内仍未履行；（四）当事人一方迟延履行债务或者有其他违约行为致使不能实现合同目的；（五）法律规定的其他情形。以持续履行的债务为内容的不定期合同，当事人可以随时解除合同，但是应当在合理期限之前通知对方。"

不可抗力通常是难以提前预见、不能避免和克服的情况，通常以自然灾害为主，如地震、泥石流、火山喷发等，也包括社会政策和其他现象。不可抗力并不是人能够提前知道的，同时人力也很难去阻止其发生，因此具有很强的偶然性和不可避免性。如果不可抗力的影响扩大，很有可能导致合同不能顺利履行，合同目的也不能顺利实现。在这样的情况下，当事人的责任可以免除，并且合同可以解除。

情势变更是指合同订立之后且尚未履行时，不是因为任何一方的原因而导致的合同赖以履行的环境发生了巨大变化，出乎当事人意料，如果继续履行合同会导致不公平的情况。在这种情况下，当事人可以诉请法院解除合同，或者对现有的合同进行变更以适应新条件。合同的变更可以使得当事人之间原本失衡的关系再次归于平衡，权利义务也可以顺利分配，合同的结构和内容更加合理。如果变更合同仍然难以解决问题的话，就只能选择解除合同。双方如果仍有意向交易的话，可以选择另行订立新的合同。

目前在我国的法律法规中，不可抗力和情势变更是不同的两个概念，但在实践中，二者可能会模糊不清，这主要是因为在现实生活中二者之间没有清晰的界限，交叉的情况时有发生。情势变更主要是合同履行遇到了困难，解决的是合同履行问题，因为客观环境的变化导致了继续履行合同会产生不公平的情况。不可抗力是合同履行的阻碍，只是一种客观事实，主要是产生了合同不能履行的法律效果。

关于本案财产损失认定的问题。根据双方签订的租赁合同约定，在合同终止后，谢某华应迁离租赁厂房并将厂房返还给A公司，即谢某华承担着返还厂房的义务。A公司在庭审中明确本案诉讼标的为房租租赁关系。租赁厂房由于发生火灾被损毁，承租方应承担返还厂房义务无法实现的违约责任，而非导致厂房毁损的侵权责任，即承租方应承担赔偿厂房的拆除重建费用。虽然双方在合同中约定了乙方应自行做好内部防火等消防保卫工作，并要求产生的责任（即损失）由乙方承担，但是A公司作为提供格式条款的一方，完全免除自身的责任也不合适，因此该免责条款无效。A公司作为出租方，在履行租赁合同过程中没有配备相应的消防设施，存在一定过错，应承担相应的违约责任。租赁厂房由于火灾事故发生导致的损失为拆除重建费用987416元，以及火灾扑救费用15441元，共计1002857元，A公司对上述损失酌情承担30%的责任，Z

公司承担70%的责任，即Z公司应当支付A公司其尚欠的租金5000元、赔偿火灾造成的经济损失1002857×70%＝701999.9元，并返还垫付的电费2094.89元。

[案例拓展]

在使用租赁物时有很多注意事项，承租人也有很多义务要履行。妥善保管租赁物也是承租人的主要义务之一。保管的义务源自于承租人对租赁物享有的占有和使用权，租赁物的所有权并不属于承租人，只是他人的财产在承租人手中，承租人才产生了保管的义务。承租人在使用完毕后，最终要将租赁物返还给出租人。返还时的租赁物应当符合租赁物在使用前的状态或者性能，承租人一定要妥善保管租赁物，妥善保管也有利于承租人在租赁期间对租赁物充分使用。承租人的保管义务是：按照约定的方式或者租赁物的性质所要求的方法保管租赁物，按照租赁物的使用状况进行正常的维护、通知和协助。

若承租人违反该项义务，没有对租赁物妥善保管，造成租赁物毁损、灭失的，则应当承担损害赔偿责任。如果是其他允许使用租赁物的人的行为造成租赁物损坏，那么承租人也应承担责任，因为第三人使用租赁物是经承租人许可的。

第七章
承揽合同

问题1：
服装加工承揽合同中加工费单价如何认定？

[案例]

2016年4月1日，李某艳与A公司签订协议，双方约定由李某艳垫付材料款为A公司加工服装，李某艳可根据自身产能及资金实力选择包工包料或纯做加工。合同签订后，李某艳向A公司转款500万元并开始加工服装。A公司指派宋某仿负责技术指导、成品检验入库等工作。

2017年7月23日，双方在宋某仿手写的对账单上签字确认。经核算，截至该日止，加工费总额合计3891679元。该对账单同时载明了服装入库时间段、货号、数量及单价。之后，李某艳加工的服装继续送入A公司指定的仓库，A公司陆续向李某艳支付5765420元。后因2017年7月23日之后的加工费及垫付的材料款问题，李某艳诉至法院，请求法院判令A公司返还材料款、支付利息并支付剩余加工费。

人民法院经审理认为：李某艳与A公司签订的协议虽然约定2016年采用包工包料方式生产，但在履行过程中，A公司并未按照李某艳加工的成品服装总价值付款，给付的只是加工费，该履行方式实为纯加工。双方签订的协议中约定加工费一款一议且约定成品送入A公司指定的仓库并检验合格后，A公司应在15日内支付该批货品80%的加工费。2017年7月26日至2017年12月25日，李某艳陆续将成品送到A公司的仓库，A公司验收后并未按照约定日期向李某艳支付加工费。宋某仿是A公司指派到李某艳处的工作人员，曾于2017年7月23日代表A公司与李某艳就加工费问题签订对账单，其发给李某艳的微信图片所载明的入库成品服装的货号、件数与A公司提交的入库信息完全一致，载明的价格与2017年7月23日对账单中同款加工费单价基本一致，由此能够证明宋某仿发给李某艳的微信图片中载明的加工费单价具有合理、合法性。经核算，加工费总额合计5818087元。

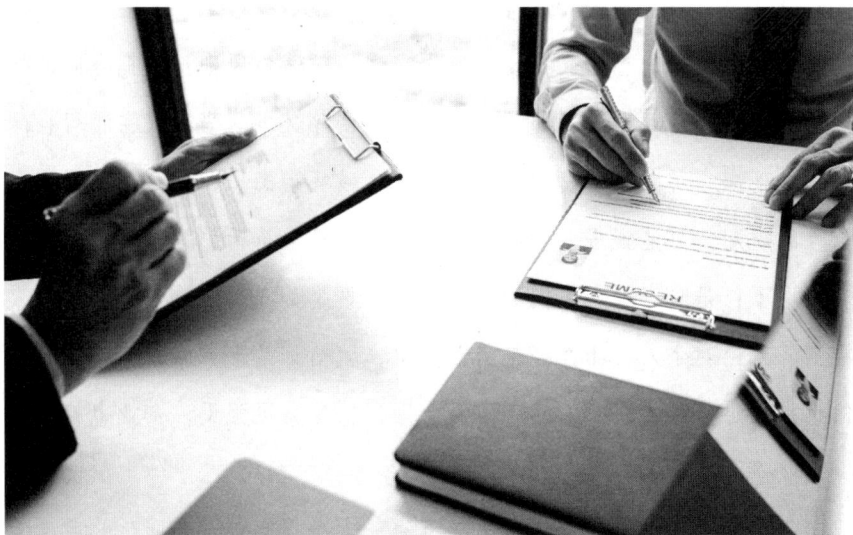

A公司已向李某艳支付的5765420元，双方无争议。汇款电子回单中明确注明加工费合计224万元，剩余3525420元未明确是加工费还是材料款。根据债务偿还顺序的规定，本案中500万元的材料款系先到期债务，上述3525420元应为返还的材料款。截至2018年3月16日，被告尚欠原告材料款1474580元应予返还。

[法律问题]

1. 双方无约定的情况下，服装加工承揽合同中加工费数额如何认定？

2. 无明确注明的情况下，已付款性质如何认定？

[法律分析]

《中华人民共和国民法典》第五百零九条规定："当事人应当按照约定全面履行自己的义务。当事人应当遵循诚信原则，根据合同的性质、目的和交易习惯履行通知、协助、保密等义务。当事人在履行合同过程中，应当避免浪费资源、污染环境和破坏生态。"这是一条具有概括性的规定。可能很多人会觉得这条规定与日常生活关系不大，但是诚实信用不仅是自古以来人们的善良追求，更是如今适应社会发展的做人准则。无论对个人、团体还是企业来讲，诚信都是形象的象征。有时诚信也是一种荣誉，企业的品牌力量会因诚信变得更强大，企业也就有了做大做强的基础。

《中华人民共和国民法典》第五百一十条规定："合同生效后，当事人就质量、价款或者报酬、履行地点等内容没有约定或者约定不明确的，可以协议补充；不能达成补充协议的，按照合同相关条款或者交易习惯确定。"这条规定说明，当事人在约定不清楚的情况下可以去补充约定，补充协议。所以，在遇到合同不明确的时候，当事人可以去补充合同，这样可以充分维护自己的权益。

《中华人民共和国民法典》第七百七十条规定："承揽合同是承揽人按照定作人的要求完成工作，交付工作成果，定作人支付报酬的合同。承揽包括加工、定作、修理、复制、测试、检验等工作。"承揽合同的主体是定作人和承揽人。承揽合同有其独特的性质与特征，与雇佣、服务等单纯提供劳务的合同也有本质区别。该种区别主要由两点决定：其一为承揽合同独特的合同目的。在承揽合同中，定作人希望将工作完成，这需要阶段内取得一定的工作成果，并不是简单地提供劳务。劳务的付出意味着承揽人尽心尽责，但并不意味着承揽人完成了承揽的任务。将特定的工作成果在特定的时间内完成，且符合定作人的相关要求，产品质量过关，并最终交付给定作人，才算完成承揽工作。其二是承揽合同标的具有特定性。承揽合同的标的是定作人要求的，由承揽人最终按照要求完成的工作成果。合同订立之初，成果并不存在，需要通过承揽人的努力最终产生工作成果。这里需要进一步理解标的的特定性：一是工作要求通常具有特定性，由于是按照定作人的要求来完成工作成果，该工作成果有赖于特定承揽人的设备、技能、劳力等完成；二是工作成果属于定作人所有，在提供劳务形成工作成果之后，承揽人通过交付将工作成果所有权归于定作人。

本案例认定事实的关键证据在于，承揽人提交的与宋某仿的聊天记录。宋某仿作为定作人指派到承揽处的工作人员，曾代表定作人与承揽人就加工费问题签订对账单，且聊天记录所载明的入库成品服装的货号、件数与入库信息完全一致，载明的价格与先前形成的对账单中同款服装的加工费单价基本一致。法院由此认定证据中账单的加工费单价具有合理、合法性，并支持了承揽人的请求。在还款没有明确注明还的是什么项目的情况下，应根据案件事实和还款先后时间来综合判断。

[案例拓展]

什么是承揽关系呢？

承揽关系指承揽人按照定作人的要求完成工作，交付工作成果，定作人给付报酬的权利义务关系。在此期间，承揽人如果在工作的过程中给他人造成损失，定作人不需要承担任何责任。如果这种行为是定作人的指导导致的或定作人本身有责任，那么定作人是应当承担相应的赔偿责任的。在承揽关系中，定作人和承揽人是一种合同关系，并存在侵权关系。如果承揽人在工作中受伤，双方就应当依照合同进行相关的赔偿，而不是定作人对承揽人有侵权行为。在承揽关系中，承揽事项应具有特殊性，需要相关的设备器材才能完成承揽事项，需要承揽人技术水平过硬。承揽关系的特征有：（1）定作人与承揽人地位平等，并不是依附的关系。（2）承揽工作中承揽人要风险自负，也就是说出现了风险，承揽人要自己去承担，不能找定作人负责。（3）承揽人最终完成的成果较为复杂，其中有部分工作内容可以交给他人完成。（4）承揽人需要按照合同内容完成工作，不得随意篡改，对工作成果的圆满完成，才是对合同的完全履行，否则会构成违约。（5）双方可以自由约定合同完成后的报酬。有时因为市场的原材料价格变动等原因，报酬可能会达不到预期的数量，当事人仍然可以继续协商。

定作人指承揽合同中要求承揽人完成一定工作，接受其工作成果并支付报酬的一方。除一般的行为能力要求外，法律对定作人的资格并无特别限制，定作人可以是自然人，也可以是法人。

定作人的主要义务如下：

1. 保证材料供给或充分检查材料

如果在合同中有过约定，定作人需要提供材料的话，那么定作人应当按时将符合合同标准的材料提供给承揽方。如果约定了定作人提供其他技术工具、技术图纸等物品，定作人应按合同约定提供上述用品。如果定作人提供的材料不符合时间、质量、数量等的要求，或技术工具、技术图纸有相应问题，承揽人有权要求更换，定作人就应当及时与承揽人沟通，并及时调整。定作人因怠于答复造成承揽人损失的，应当赔偿承揽人的损失。如果合同中约定承揽人提供材料，那么定作人需要对材料仔细查验，减少材料瑕疵的可能，保证承揽工作顺利完成。

2. 尽力协助承揽人

《中华人民共和国民法典》第七百七十八条规定："承揽工作需要定作人协助的，定作人有协助的义务。定作人不履行协助义务致使承揽工作不能完成的，承揽人可以催告定作人在合理期限内履行义务，并可以顺延履行期限；定作人逾期不履行的，承揽人可以解除合同。"

3. 受领承揽人所完成的工作成果

定作人的受领行为包括定作人接受承揽人所完成的工作成果，也包括在承揽人无须实际交付时，定作人对承揽人阶段内所完成的工作成果的承认。因为有了定作人的承认，承揽工作才能继续下去。受领的工作成果中既有最终工作成果的受领，也有部分成果的受领。

定作人需要充分履行受领义务，这种义务也是有前提的，这需要承揽人按照合同约定来完成承揽工作。如果工作成果不符合合同约定的标准，定作人是不需要履行受领义务的。定作人在受领工作成果时应当依合同的约定进行验收，因承揽人未顺利完成工作而拒收，并不违约。如果是因为定作人无正当理由拒绝受领工作成果，那么就是定作人违约，应当赔偿承揽人损失并承担违约责任。其中的损失包括承揽人支付的保管、保养费用，外加违约金。需要注意的是，这种情况下工作成果延迟受领，如果工作成果毁坏，定作人就应当承担责任。

4. 支付报酬

承揽人完成工作、交付工作成果的，定作人应当按照合同约定的期限支付报酬。如果双方在合同中没能约定期限或者约定不明确，可以协议补充。双方既不能达成补充协议，又不能通过合同有关条款或者交易习惯确定支付报酬的期限时，定作人应于接受工作成果的同时支付报酬。

问题2：
承揽合同与建设工程施工合同如何区分？

[案例]

2014年10月31日，A镇政府通过招投标的方式将古坪至滩底通村水泥公路工程发包给B公司，双方签订了一份《施工承包合同书》。之后，该工程由被告赵某生实际施工。2015年10月1日，被告赵某生与原告吴某亮签订了一份《水泥硬化施工承包合同》，被告赵某生将A镇古坪至滩底水泥砼路面工程以包工不包料的形式发包给原告吴某亮施工。合同签订后，原告于2015年10月2日开始从滩底往古坪方向施工。2016年春节前，原告施工至古坪村河口组铁索桥头（地名）时，因政府征地及线路改道问题，工程暂时停工。此时，原告已经完成约三分之二的工程量，剩余三分之一的工程长约4公里未完工，被告先后支付给原告工程款共计52万元。停工之后，原告见征地问题迟迟没有解决，担心因拖延时间造成难以承受的损失，且认为被告经常未按时支付工程款，于是决定不再继续为被告施工。被告认为原告只做了前面容易的路段，后面难施工的路段就不做了，双方产生矛盾。2016年10月16日，被告与李某兵另行签订合同，继续施工。之后，原告要求被告支付工程尾款，被告以原告未完成全部工程，造成被告另请他人施工，造价增加，给被告造成损失为由，拒绝与原告结算。原告遂于2019年2月26日向法院提起诉讼，请求法院判令赵某生、B公司连带给付工程款22.88万元、利息32276元。被告赵某生不认可原告吴某亮完成的工程量，但又拒绝去实地进行丈量。原告吴某亮向法院申请委托有关部门对其完成的工程量进行测算。法院依法委托诚信达公司进行测量，结果为：（1）滩底村至古坪村河口组铁索桥头（地名）的乡村道路混凝土路面已施工面积为40875.672平方米；（2）滩底村至古坪村河口组铁索桥头（地名）路段各个岔路口的混凝土路面已施工面积为215.06平方米。为此，原告变更诉讼请求，将请求支付工程款22.88万元变更为21.96万元。

目前古坪至滩底通村水泥公路工程尚未通过验收，但该公路已经通车使用。

［法律问题］

1. 原告完成的工程量如何认定？

2. 第三人B公司是否需要承担连带给付责任？

［法律分析］

《中华人民共和国民法典》第七百八十二条规定："定作人应当按照约定的期限支付报酬。对支付报酬的期限没有约定或者约定不明确，依据本法第五百一十条的规定仍不能确定的，定作人应当在承揽人交付工作成果时支付；工作成果部分交付的，定作人应当相应支付。"此条法律条文规定了定作人有支付报酬的义务。如果定作人不履行支付报酬的义务，那么相对人可以请求其支付。

原告吴某亮与被告赵某生签订的《水泥硬化施工承包合同》，系在公平、自愿、协商一致的基础上签订的，是双方当事人的真实意思表示，且不违反法律和行政法规的强制性规定，属有效合同，应当受到法律保护。依法成立的合同，对当事人具有法律约束力，当事人应当按照合同的约定全面履行义务。本案中，原告吴某亮按照被告赵某生的要求，由被告赵某生提供施工材料及部分机械设备，由原告组织工人及自带部分机械设备进行施工，被告以每平方米18元的价格支付原告工程款。可见，原告按照被告要求完成工作，具体工程量经法院委托鉴定，双方并无异议，最终按照鉴定结果确定工作量及劳动报酬。原告交付工作成果，被告支付劳动报酬，原告在本案中主要提供劳动服务。因此，原告吴某亮与被告赵某生之间系承揽关系，本案应当按承揽合同纠纷处理。虽然原告没有完成全部工程，但其已完成的工程已交付给被告，被告应当支付相应的工程款。

对合同性质的判断需要精准，而这就需要将合同的内容作为研究对象，把建设工程合同和承揽合同区分清楚。（1）主体不同。建设工程合同中，建设单位是主要的发包人，对承包方也有着严格的要求，承包人需要拥有相应的资质且是法人。建设工程合同的发包人和承包人都不能是自然人，这是很重要的。承揽合同的发包人及承包人没有那么多的限制，任何主体都可以成为发包人及承包人。（2）合同标的价值不同。建设工程合同以大型工程项目为主，通常是大型建设工作，签订合同的方式主要是招投标。承揽合同签订方式自由，而且金额也相对较小。（3）合同的形式不同。建设工程标的额较大且往往通过招投标形式，根据法律规定，建设工程应当采用书面形式；而承揽合同既可以是书面的，也可以是口头的。实践中，承揽合同以口头形式为多数形式。（4）主要工作是否可由第三人完成。在建设工程合同中，总承包人可以在发包人同意的情况下，将非主体工程分包给第三人完成，但是主体工程必须自己完成。而在承揽合同中，除当事人另有约定外，承揽人应当凭借自己的设备、技术和劳动力，完成主要工作。（5）工作交由第三方完成时会产生不同的责任。建设工程合同中，第三人完成的工作视为与施工承包人等多方共同完成的，一旦工作出现问题，所有人向发包人承担连带责任。承揽合同中，第三人不论是否完成工作，都是只有承揽人向定作人承担责任，第三人并不承担责任。（6）合同价款变动程度不同。建设工程合同的事前估价很难做到，因此价格都是模糊约定的，只在结算时才会做出精确的计价。承揽合同的标的较小，所以计算起来比较简单，合同一旦订立基本不会修改。（7）合同解除的条件不同。建设工程合同中，需要发生重大解约事由才能解除合同。而在承揽合同中，定作人有权随时解除合同。（8）一方违约时的救济方式不同。在承揽合同中，定作人解除合同后，承揽人不可以诉请合同继续履行，因为合同已经不具备履行意义，但是可以诉至法院请求定作人赔偿损失。但是定作人另外找的第三人完成剩余的工程与承揽人无关，承揽人不能起诉第三人承担连带责任。所以本案中原告不能起诉第三人B公司承担连带给付责任。

[案例拓展]

在工程承包等事项中，需要签订相应的合同确定合同缔约双方的权利义务，以利于之后解决纠纷及划分责任。所以，人们对签订承揽合同需要注意的问题产生了兴趣。那么，法律规定的承揽合同注意事项主要有哪些呢？

一、承揽的品名或项目

承揽的品名或项目即定作物的名称。确定定作物是订立承揽合同的目的和前提，此条款未规定或不明确，合同无法履行。因此在承揽合同中，应准确写明定作物品名或项目，不得含混或者模棱两可，不可使用代号，必须注明全称，以免产生误解，发生纠纷。

二、数量、质量、包装、加工方法

数量应明确计量单位，注意使用法定计量单位；质量按国家、部颁或专业标准，没有国家、部颁或专业标准的，定作人应提供实样、模型或设计图纸，由双方商定标准或立标封样；包装根据国家或专项规定标准包装，一般由承揽人负责。定作人有特殊要求的，合同中应当注明；加工方法应在合同中载明。

三、原材料的提供以及规格、数量、质量

根据合同的不同种类，这一条款的内容应有所不同。比如来料加工合同要写明提供原材料的品名、规格、数量、加工技术资料，交付的日期及使用的具体要求，是否带包装物也应写明；修理合同则应对零部件的供应及采购进行协商确定。

四、价款或酬金

价款是指由承揽人提供原材料时，定作人支付承揽人提供的辅助材料、燃料动力、包装费用、劳务费用等项目的价金总额；酬金是指由定作人提供原材料时或不需要原材料时，定作人支付承揽人劳务和智力成果的金额。价款或酬金，国家或主管部门有统一规定的，按统一规定执行；没有统一规定的，由当事人双方商定。为了保障合同的切实履行或为了满足承揽人的需要，双方还可商定支付一定数量的定金或预付款。

五、履行期限、地点和方式

双方当事人应当在合同中明确规定交付定作物的期限、地点和方式，并按照合同的规定履行。交付定作物日期的计算，根据规定，承揽人自备运输工具送交定作物的，以定作人接收的戳记日期为准；委托运输部门运输的，以发运定作物时承运部门签发的戳记日期为准；定作人自提定作物的，以承揽人通知的提取日期为准，但承揽人在发出提取定作物的通知中，必须留给定作人必要的在途时间；双方也可以自行约定期限的计算方法。原材料等物品的交货日期计算，参照上述办法执行。定作物交付的地点和方式一经约定，除双方当事人协商同意外不得变更，如果一方擅自变更，要承担违约责任。

六、验收标准和验收方法

验收标准和验收方法，是指对承揽人所完成的工作成果的验收标准和方法。验收标准主要用来评判相关定作事项是否达到标准。因此，验收标准和方法事关合同的顺利履行，需要在合同中明确约定，这样可以防止在履行合同时产生分歧。我国目前在相关的标准上分为多种，主要有国家标准、行业标准、地方标准、企业标准等，因此在合同中应明确约定。如果没有标准，那么双方就应在合同中自主约定一个双方都认可的标准，以此来明确合同相关事项，减少纠纷。涉及样品封存的，双方应共同见证样品的开启和检验，样品作为成果的抽样，可以在一定程度上代表成果本身的质量。如果发现样品有质量问题，应第一时间提出。在保修期内发现质量问题，如果是非人为原因造成的，应当由承揽人负责修复或退换，人为原因造成的质量问题应当追究相关人员的责任。

七、结算方式、开户银行、账号

结算方式是指价款或酬金和其他费用的清结方式，包括现金结算和转账结算两种。现金结算是指合同当事人使用人民币直接进行货币收付的行为。转账结算是指通过银行从付款单位账户将款项划拨到收款单位账号进行货币收付的行为。

开户银行是指定作人或承揽人储蓄资金的银行，合同中应写明该银行的名称。账号是指定作人或承揽人在银行储蓄资金所立户头的编号。写明开户银行、账号有利于价款或酬金的顺利划拨。

八、违约责任条款

当事人双方必须在合同中明确、具体规定违约责任，违约金的计算比例。在法律规定的限度内，由双方共同确定。

九、双方约定的其他事项条款

确定定作物是订立承揽合同的目的和前提。若不明确，合同将无法履行。因此在承揽合同中，应准确写明定作物品名或项目，不得含混或者模棱两可，不可使用代号。

第八章

建设工程合同

问题1：
建设工程设计合同解除后设计费用如何认定？

[案例]

A公司于2016年1月7日在某地出入口改造设计工程招标活动中中标。在A公司提交的相关投标文件工程设计任务清单中关于各阶段工作内容及工作量分配比例中载明：方案设计及修改占25%，初步设计及修改占25%，施工图设计及修改占30%，施工图预算编制占5%，施工服务费占10%，其他应包括内容占5%。同年6月，A公司、某地管理局补签的《建设工程设计合同》约定：工程阶段包括概念方案设计、方案深化设计、施工图设计、现场服务阶段。其中第八条约定："工程设计费支付在发包人收到施工图纸，并在该工程招标完毕后，依据工程中标价格及设计中标费率：建筑部分按投标费率2.3%、绿化景观部分按投标费率2.4%计算，支付设计费的60%，余款两年内付清；若两年内未进行竣工验收或施工总承包未进行结算，发包人仍需按本合同投资估算价及中标费率支付给设计人设计费，投资估算按建筑部分750万元、绿化景观部分450万元计算，支付全部设计费"；第九条约定："在合同履行期间，发包人要求终止或解除合同，已开始设计工作的，发包人应根据设计人已进行的实际工作量，不足一半时，按该阶段设计费的一半支付；超过一半时，按该阶段设计费的全部支付。"

2016年7月1日，双方签署《方案与扩初阶段图纸交付确认单》。因某地管理局就涉案工程相关报批手续未获得上级政府部门审计批准，双方签订的《建设工程设计合同》未全部履行完毕。

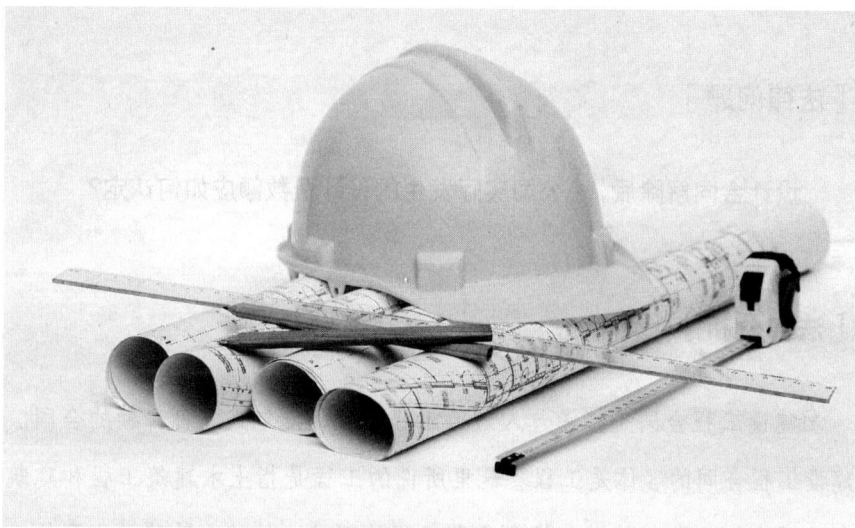

A公司、某地管理局双方均同意解除《建设工程设计合同》，均认可涉案工程全部设计费以建筑部分750万元×2.3%及景观绿化部分450万元×2.4%予以计算，共计28.05万元；均认可"扩初设计"为初步设计，属于方案深化设计阶段。A公司、某地管理局双方未在《建设工程设计合同》中对概念方案设计、方案深化设计、施工图设计、现场服务阶段各个阶段节点工作成果具体内容及各阶段工程款所占比例予以明确约定。A公司认为按照《建设工程设计合同》关于工程阶段的约定，施

看了就能懂的
法律常识
合同纠纷

KANLE JIU NENG DONG DE
FALÜ CHANGSHI
HETONG JIUFEN

工图设计阶段已完成；某地管理局认为A公司方案深化设计阶段尚未完成，施工图设计阶段并未开始。A公司先后向法院提交两版设计图纸，其中先提交的图纸形成时间为2016年6月；后提交的图纸形成时间为2016年1月，该份图纸是大A公司在招投标阶段形成的。经A公司申请鉴定，一审法院向市中级人民法院提交鉴定委托书，法院确认无相关鉴定结构备案，无法指定鉴定机构。A公司诉至法院，主张28.8万元设计费用。

[**法律问题**]

设计合同解除后，A公司实际发生的设计费数额应如何认定？

[**法律分析**]

建设工程合同是指承包人进行工程建设，发包人支付价款的合同。建设工程合同的客体是工程。这里所说的工程是指土木建筑工程和建筑业范围内的线路、管道，设备安装工程的新建、扩建、改建及大型的建筑装修装饰活动，主要包括房屋、铁路、公路、机场、港口、桥梁、矿井、水库、电站、通信线路等。国有建设单位投资建设的大中型经营性建设项目，在建设阶段必须组建项目法人。项目法人可按《中华人民共和国公司法》的规定设立有限责任公司和股份有限公司，由项目法人对项目策划、资金筹措、建设实施、生产经营、债务偿还和资产保值增值实行全过程负责。国有单位投资建设的经营性工程，由依法设立的项目法人作为发包人。国有建设单位投资建设的非经营性建设项目，应当由建设单位为发包人。建设工程实行总承包的，总承包单位经发包人同意，在法律规定的范围内对部分工程项目进行分包的，工程总承包单位即分包工程的发包人。建设工程的承包人，即实施建设工程的勘察、设计、施工等业务的单位，包括对建设工程实行总承包的单位和承包分包工程的单位。

《中华人民共和国民法典》第五百六十六条规定："合同解除后，尚未履行的，终止履行；已经履行的，根据履行情况和合同性质，当事人可以请求恢复原状或者采取其他补救措施，并有权请求赔偿损失。"本条规定的规则是：（1）尚未履行的，履行终止，不再继续履行。（2）已经履行的，一是根据履行情况和合同性质，二是根据当事人是否请求的态度决定，当事人既可以请求恢复原状，也可以不请求，完全取决于当事人的意志。请求恢复原状的，这种债务的解除就具有溯及力；反之，就不具有溯及力。当事人也可以采取其他补救措施，并有权要求赔偿损失。根据合同的履行情况和合同性质，能够恢复原状，当事人又予以请求的，则可以恢复原状。如果根据履行情况和合同性质无法恢复原状，即使当事人请求，也不可能恢复原状。例如租赁、借贷、委托、中介、运输等合同，都是不能恢复原状的。至于损害赔偿，合同的解除不影响当事人要求损害赔偿的权利。只要合同不履行已经造成了相对人的财产利益损失，违约方就应当予以赔偿。如果解除合同的原因是不可抗力，则不产生损害赔偿责任。如果合同是因违约而解除的，守约方是解除权人，那么可以请求违约方承担违约责任。如果双方另有约定，则按照双方的约定办理。

主合同解除后，尽管主合同的债权债务关系消灭，但是其担保人对债权人的担保权利并不一并消灭，担保人（包括第三人担保和债务人自已担保）对债权人仍应承担担保责任，但是担保合同另有约定的除外。

《中华人民共和国民法典》施行后，依据《中华人民共和国民法典》第五百六十六条第一款"合同解除后，尚未履行的，终止履行；已经履行的，根据履行情况和合同性质，当事人可以请求恢复原状或者采取其他补救措施，并有权要求赔偿损失"的规定，因主观原因或客观原因解除，合同已不能继续履行，就涉及合同解除后果处理问题了。对于在设计合同解除前已经履行的部分，设计方已经以当时有效合同为依据从事设计行为、履行了合同义务，亦产生了相应的实际损失，发包人则应依据解除前的有效合同支付相应对价。由于此类设计费用无法或者不宜采取建设工程合同纠纷中的造价鉴定方式确定数额，故需要由法院依据相关法律规定和公平原则，结合案件具体事实，认定当事人双方有争议的、已完成部分的设计费用。如何认定这部分设计费用的数额，是这类案件的核心问题。

首先，应确定设计费的总额。一般当事人会在合同中直接约定总设计费数额或者约定相应计算方式。例如，按照工程造价乘以费率等。虽然在审判实践中，直接通过合同总设计费金额确定实际发生设计费数额的案件并不多见，但此问题涉及计算基数的认定。

其次，确定设计方所实际完成的设计费数额，这就需要确定设计方已达到的设计阶段，以判断所占总额的比例。可以借助合同双方签订的设计合同或者投标文件等能够反映出真实意思表示的证据判断比例情况；而对于具体施工到哪一个比例节点，则需要当事人通过双方往来材料等进行举证，结合双方的证据优势进行认定，实际工作到哪个节点，进而认定对应的、实际完成的设计费用。

本案中，上诉人提出应依据《工程勘察设计收费标准》来认定设计方的实际应得设计费用，但在合同或招投标文件有相关规定的情况下，应尊重当事人的真实意思表示。最终二审法院维持了原判。

[案例拓展]

工程建筑设计合同是发包人让承包人进行建筑工程设计支付款项的合同，双方签订合同代表形成了合作关系。在签订工程建筑设计合同之前有一些注意事项，需要确保这些注意事项无误后才能签订合同，那么工程建筑设计合同的注意事项有哪些？

1. 设计费如何确定

以表格形式要求当事人列明设计项目的内容，包括项目名称、规模、阶段、投资及设计费。合同双方在确定设计费时，应遵循以下原则：首先，设计合同或相关文件中双方对设计费率予以确认的，应尊重双方当事人的选择。建设工程设计合同为《中华人民共和国民法典》所规定的有名合同的一种，发包人和设计人是具有平等地位的民事主体，应当由《中华人民共和国民法典》调整，并应最大限度地遵循合同自由的原则。实践中的工程设计收费标准及相关统一定额并非强制性规范，而是任意性规范。

其次，在不能证明设计合同或相关文件中双方就设计费率达成一致的情况下，可以根据《工程设计收费标准》确定设计费。这只是在无相应合同条款援引的情况下，用以解决纠纷的技术性手段。

《中华人民共和国民法典》第七百九十一条："发包人可以与总承包人订立建设工程合同，也可以分别与勘察人、设计人、施工人订立勘察、设计、施工承包合同。发包人不得将应当由一个承包人完成的建设工程支解成若干部分发包给数个承包人。总承包人或者勘察、设计、施工承包人经发包人同意，可以将自己承包的部分工作交由第三人完成。第三人就其完成的工作成果与总承包人或者勘察、设计、施工承包人向发包人承担连带责任。承包人不得将其承包的全部建设工程转包给第三人或者将其承包的全部建设工程支解以后以分包的名义分别转包给第三人。禁止承包人将工程分包给不具备相应资质条件的单位。禁止分包单位将其承包的工程再分包。建设工程主体结构的施工必须由承包人自行完成。"

2．定金条款的理解和适用

如果合同双方同意对定金额度进行修改，该数额则不能超过总设计费的20%。超过20%的部分只能作为预付款，而不具有定金的效力。合同一方不完全履行合同时，可按比例适用定金罚则。

3．设计合理使用年限的确定

关于建设工程的设计合理使用年限，主要指建筑主体结构的设计使用年限。根据《建筑结构可靠度设计统一标准》（GB50068-2001）和《民用建筑设计通则》（GB50352-2005）的规定，建设工程的设计合理使用年限分为四类：对于临时性建筑，其设计使用年限为5年；对于易于替换结构构件的建筑，其设计使用年限为25年；对于普通房屋和构筑物，其设计使用年限为50年；对于纪念性建筑和特别重要的建筑结构，其结构设计使用年限为100年。此外，对于专业建筑工程，则应按照相应的专业技术规范要求确定其设计合理使用年限。对于具体工程项目，其设计合理使用年限则应根据工程项目的建筑等级、重要性来确定。在建设工程的设计合理使用年限内，工程承包人应当对该工程的主体结构（包括地基基础）进行保修。

问题2：
建设工程施工合同纠纷应如何认定实际施工人？

[案例]

2016年8月9日，原告刘某与被告曹某军签订补充协议一份，约定将位于某县路口处、工程名称为某酒店建设工程的建设工程交由刘某施工，后曹某军于2017年1月18日为原告出具结算清单一份，结算清单载明："……总建筑面积13195.7平方米×260元/平方米=3430882元，总价款：343.0882万元整"。刘某、曹某军均在该结算单上签字按指印予以确认。审理中，曹某军表示认可上述结算单。法院另查明以下事实：1.A公司于2018年3月30日将名称变更为C公司。2.就上述涉案工程，2014年4月28日，Z公司作为发包方，将工程承包给C公司建设，双方签订《建设工程施工合同》。后C公司建设至13层。13层以上的工程，曹某军承包后交由刘某施工。3.因Z公司资金困难，无力全部支付曹某军工程款，双方于2017年4月24日签订《住宅买卖合同》，Z公司将37套房屋抵顶给曹某军，以抵偿工程款6576450元（曹某军出具收条）。审理中，曹某军称《住宅买卖合同》没有完全履行，Z公司尚欠其300万元左右工程款没有支付。4. 2018年1月18日，曹某军与刘某达成一致，将上述37套房屋中的9套抵顶刘某的工程款，计179.37万元。刘某为曹某军出具收条一份，载明："今收到曹某军工程款179.37万元整。刘某备注：有半套房款没收到"。审理中，刘某称9套房屋均不在曹某军名下，其无权处分，且9套房屋经在房管部门查询，基本情况不清，上述以房抵债无效，曹某军应继续支付其179.37万元工程款。曹某军称9套房屋现状为仍属于Z公司，并没有交付给刘某。5. 刘某认可已收到曹某军、Z公司向其支付工程款总计1027067元，包含刘某出具的收据4张共计23.25万元、收条1张40万元（该款由全某娟分两次转入赵某亚账户，后刘某出具收条）、金某龙转账给刘某2笔共4000元、全某娟转账给刘某的310416元、80151元。6. 曹某军、Z公司向法院提供的网银电子回单显示，其于2018年1月29日、1月30日，全某娟分别转给赵某亚10万元，共计20万元。曹某军、Z公司认为该款系Z公司代付刘某的工程款。对此刘某不予认可，称该款系赵某亚承包的其他工程的工程款，与本案工程款无关。

[法律问题]

1. 刘某提供的结算单的效力如何？

2. 刘某是否可以认定为实际施工人，Z公司作为发包方该如何承担责任？

[法律分析]

根据当时施行的《最高人民法院关于审理建设工程施工合同纠纷案件适用法律问题的解释》第二十六条规定："实际施工人以转包人、违法分包人为被告起诉的，人民法院应当依法受理。实际施工人以发包人为被告主张权利的，人民法院可以追加转包人或者违法分包人为本案当事人。发包人只在欠付工程价款范围内对实际施工人承担责任。"本案中，曹某军承包涉案工程后，将13层以上的主体工程交由刘某施工，曹某军的施工义务转由刘某履行。刘某与发包人Z公司形成事实上的权利义务关系，可以认定刘某系实际施工人。Z公司作为发包方，根据上述规定，应在欠付工程价款范围内对刘某承担责任。Z公司以37套房屋抵顶欠付曹某军的工程款6576450元，但未提供证据证明曹某军已取得房屋所有权或房屋已处置、曹某军已收到相应款项，因其提供的证据不足以证明其已经支付完毕工程款及已支付工程款款额，故应与曹某军对刘某的工程款负连带清偿责任。

1. 结算单的效力问题

该案件系合同相对人（即被告本人）出具的结算单，认定起来争议不大。但类似案件审理中，对结算单的效力被告方不认可的情况居多，因结算时通常被告本人并未参与且出具结算单，而是由在工地负责的其他人员实施的该行为，这就给被告留下足以辩解的空间。审理中，法院应综合工程的完工、双方约定的合同价款等情况结合该案的其他证据而做出认定。在工程完工或由于相对人原因导致部分施工的情况下，笔者是倾向于认定结算单载明的内容并以此作为依据做出裁判的。但案件审理中尚存在具有付款义务的一方因拖欠工程款而不进行结算的情况，导致施工方起诉时无明确的价款依据，付款义务方也以未结算为辩解理由拒绝支付工程款。鉴于上述问题的存在，应当对建设工程施工合同中涉及的结算问题进一步规范化及细化，提高可操作性，以便于施工方保护自己的权益。

2. 关于建设工程施工合同中的以房抵顶工程款的问题

本案发包人Z公司因无力支付承包人工程款，将涉案工程的房屋作价抵顶欠付曹某军的工程款，双方签订合同；后由曹某军对所抵房屋进行处置以取得钱款，即曹某军以Z公司名义出售房屋，在此过程中需要Z公司的配合，完成卖房的一系列手续。这样在实际操作中就会存在诸多不确定因素：（1）一旦房价出现波动，双方出于各自利益的考虑就会怠于履行最初的约定。如房价下跌，曹某军就会认为原来约定的房屋价款过高，对其不公平；如房价上涨，Z公司的利益就会受损，导致其在履行约定过程中不予配合的情形发生。（2）因曹某军需以Z公司名义卖房，购房人应向Z公司支付房屋全款或首付款，如分期付款购买房屋还涉及银行贷款，钱款在曹某军与Z公司的交付方面也存在诸多问题。所以该类案件应倾向于保护要求支付工程款方的利益，在房屋并未实际处理的情况下，主张工程款的一方要求对方继续支付钱款的，应予支持。这样能够保护施工方的利益，同时另一方的利益并没有受损。

3. 实际施工人的认定及发包人的责任承担问题

根据《最高人民法院关于审理建设工程施工合同纠纷案件适用法律问题的解释》可以推定，实际施工人包含无效建设工程施工合同的转承包人、违法分包的承包人、借用资质的承包人等。最高人民法院民一庭关于上述司法解释的理解与适用要求实际施工人需要实际履行施工合同义务，即应与发包人全面实际地履行发包人与承包人之间的合同，并形成事实上的权利义务关系。根据以上阐述，实际施工人需与发包人全面实际地履行了发包人与承包人之间的合同，并形成事实上的权利义务关系。本案13层以上的主体工程曹某军交由刘某施工，曹某军的施工义务转由刘某履行。刘某与发包人Z公司形成事实上的权利义务关系，可以认定刘某系实际施工人，这样也有利于保护实际施工方的权益。

[案例拓展]

一、什么是实际施工人

2020年12月29日，最高人民法院发布《最高人民法院关于审理建设工程施工合同纠纷案件适用法律问题的解释》，使用了一个概念：实际施工人。该概念在2005年施行的《建设工程解释》中被首次提出，是相对于建设工程中发包方和承包方的另一角色。虽然上述两个司法解释并未明确实际施工人的概念和范围，但结合司法解释的相关条文及司法实践，可以将实际施工人理解为：无效合同情形下实际完成工程建设的主体，具体包括转包合同的承包人、违法分包合同的承包人和挂靠他人签订建设工程合同的承包人三种。

二、实际施工人权利的保护模式

根据上述定义，实际施工人具有以下特点：1. 实际履行承包人义务；2. 与发包人（此处指总包人）没有直接的合同关系；3. 其签订的建设施工合同无效；4. 与其签订转包、违法分包合同的承包人（相对于总包人）或者被挂靠企业之间不存在劳务关系。在现实实践中，当实际施工人的工程价款得不到清偿，要通过法律维护自身权益时，如果严格按照合同相对性，实际施工人既不能向总包人主张权利，因为其与总包人没有直接的合同关系，也难以向承包人主张权利，因为其签订的建设施工合同属于无效合同，并且也不存在劳务关系。

《最高人民法院关于审理建设工程施工合同纠纷案件适用法律问题的解释》第四十三条规定："实际施工人以转包人、违法分包人为被告起诉的，人民法院应当依法受理。实际施工人以发包人为被告主张权利的，人民法院应当追加转包人或者违法分包人为本案第三人，在查明发包人欠付转包人或者违法分包人建设工程价款的数额后，判决发包人在欠付建设工程价款范围内对实际施工人承担责任。"该条一定程度上打破了合同的相对性原则，赋予实际施工人在工程价款得不到清偿时，直接向发包人主张的权利。基于上述司法解释的规定，实际施工人向发包人主张权利需要具备三个条件：1. 实际施工人对转包人或者违法分包人享有债权；2. 发包人欠付转包人或违法分包人建设工程价款；3. 实际施工人只能在发包人欠付工程价款范围内主张权利。

三、实际施工人如何维护自己的权利

实际施工人在维护自己权利时，首先要证明自己是实际施工人。实际施工人应当签订书面的施工合同，明确工程范围、工程质量、工期和工程款等主要内容。虽然实际施工人签订的建设工程合同为无效合同，但是，合同中约定的内容仍然可以作为工程结算和分析过错责任的重要依据。

四、实际施工人如何收集证据

《最高人民法院关于审理建设工程施工合同纠纷案件适用法律问题的解释》第二条规定："建设工程施工合同无效，但建设工程经竣工验收合格，承包人请求参照合同约定支付工程价款的，应予支持。"施工合同文件是能够证明自己是实际施工人的直接证据。实际施工人应当收集已经实际履行合同的证据，主要包括以下几类：

1. 为了进行施工签订的分包合同、劳务合同、设备租赁合同、材料买卖合同及付款依据等；2. 工程签证、参加例会、施工日志、施工图纸和工程联系单等；3. 发包方已经支付部分工程款的证据等。

此外，实际施工人还应当收集自己完成工程量的证据、已完工程质量符合合同约定的证据、工期没有延误的证据等。

问题3：
建设工程施工合同纠纷中如何认定"黑白合同"？

[案例]

　　雄鹿公司系S县雄鹿一级公路的对外招标人，其在对外发布的投标人须知中明确表示不接受调价函。2010年5月13日，路路通公司与雄鹿公司以施工招（投）标文件等为S县雄鹿一级公路工程第三合同段合同谈判的主要依据形成纪要，并确定纪要为双方合同协议书的组成部分，纪要第二项明确"在该项目施工过程中，原材料、油料、人工工资等项目无论市场价格发生何种变化，发包人均不予调价"。当日，路路通公司与雄鹿公司签订了《S县雄鹿一级公路工程第三合同段合同协议书》，上述投标书及投标书附件、合同谈判纪要均被列入协议书内容。在施工期间，因2010年至2012年人工及主要材料价格大幅上涨，路路通公司所承建工程的进度受到严重影响，部分工程甚至出现了停工的情况。为此，路路通公司多次找雄鹿公司协商调价事宜，雄鹿公司法定代表人口头承诺只要将来有相关调价的文件就给予调价。2012年年底，工程竣工。2013年1月31日，雄鹿公司与路路通公司根据湖南省交通运输厅建设造价管理站2012年3月30日发布的湘交造字〔2012〕6号文件及湖南国通工程管理有限公司《关于S县荣家湾至鹿角公路工程第三合同段主要材料价格调整的审查意见》，签订了《S县荣家湾至鹿角公路工程材料价差调整补充合同书》，对路路通公司承建工程的国材价格进行了调差，调整总金额108.38万元，其中第二条第二款约定"人工与地材未列入本次调整范围"。2013年上半年，雄鹿公司原法定代表人因犯罪被逮捕，S县交通运输管理局党委委员许某南开始担任交通公司法定代表人。2013年6月30日，S县人民政府、S县交通局、城市建设公司与雄鹿公司签订《债权享有及债务承担协议书》，将雄鹿公司的所有债权债务全部剥离给S县人民政府、S县交通局、城市建设公司，路路通公司也出具了承诺书，承诺就所有未结算款项放弃向雄鹿公司主张权利，仅向S县人民政府、S县交通局、城市建设公司主张权利。后S县人民政府、S县交通局指令交通公司办理与路路通公司的结算、支付工程款等事项。2016年7月12日，交通公司与路路通公司进行了结算（人工和地材价格没有进行调差）。

湖南省交通厅2013年7月10日下发〔2013〕286号文件、2013年7月25日下发〔2013〕9号文件，规定人工单价及主要材料价差从2010年1月1日起开始调整计算，计算期限至项目结束时止。2016年8月，路路通公司在知道有上述文件后向交通公司主张权利，并向其法定代表人许某南提供了调整文件及路路通公司自己编制的调整资料。2016年9月20日，交通公司以S县交建〔2016〕15号文件为依据向S县人民政府提出"关于申请人工及地材价差调整的请示"，该文件中明确提出"补充合同第二条第二款明确规定人工及地材价格未列入本次调整范围，原因是没有上级相关部门下发的文件依据……"鉴于上述情况，请求依据2013年7月湖南省交通运输厅与造价管理站的文件，对雄鹿公路工程人工与地材进行价差调整。该报告上，交通公司法定代表人许某南签字"情况属实"，S县人民政府分管交通的领导签字"请交建投依法依规按程序受理、汇报"。2016年11月，交通公司委托国通工程公司对路路通公司承建的第三合同段的人工及地材价格调整进行审查，并提供了路路通公司编制的调整材料（路路通公司单位项目负责人一同前往）。2017年1月9日，国通工程公司以湘国通〔2017〕造字第3号文件出具了"关于S县荣家湾到鹿角公路工程第三合同段主要材料价格调整的审查意见"，审查核定调整金额为292.03万元。此后在办理过程中，交通公司以交通运输管理局暂不批准调整造价为由拒绝进行调差。2017年6月15日，路路通公司向一审法院提出申请，请求要求雄鹿公司、交通公司支付路路通公司工程款662718元的诉讼请求。

[法律问题]

当事人签订的口头补充协议，是否属于"黑白合同"？

[法律分析]

根据当时施行的《最高人民法院关于审理建设工程施工合同纠纷案件适用法律问题的解释》第二十一条规定："当事人就同一建设工程另行订立的建设工程施工合同与经过备案的中标合同实质性内容不一致的，应当以备案的中标合同作为结算工程价款的根据。"说明在招投标合同订立之后另行签订的补充协议原则上不能修改招投标合同的主要条款，即不能修改包括工程造价、工期、质量等在内的基本条款，否则应当被认定为无效。本案是合同签订后客观情况发生了重大变化，人工及主要材料价格大幅上涨，已超出施工单位实际承受能力，继续按原合同履行难以实现合同目的。本案双方事后签订补充协议，明显不属于上述签订"黑白合同"的情形，故双方关于价格调差的口头约定有效。

那么施工方如何维护自身权益呢？一般情况下，当建筑工程"黑白合同"被认定为无效时，施工方与发包人是可以协商处理工程款事宜的，这样能较快较好地处理双方的纠纷。

双方协商不成的，可以依据法律法规，进行工程款结算：

上述解释第二条规定，当建设工程施工合同无效，但建设工程经竣工验收合格，承包人请求参照合同约定支付工程价款的，应予支持。因此，当"黑白合同"被认定为无效时，施工方已完工的建设工程经验收质量合格的，可以参照实际履行的合同约定支付工程价款。

　　根据该解释第三条规定，建设工程施工合同无效，且建设工程经竣工验收不合格的，按照以下情形分别处理：修复后建筑工程验收合格的，发包人应该参照"黑合同"支付工程款，但可以要求施工方承担修复费用。修复后建筑工程验收依然不合格的，发包人可以不支付工程款。需要注意的是，建筑工程验收不合格造成发包人损失的，施工方应承担相应的赔偿责任，但发包人有过错的，也要承担相应的责任，同时减轻施工方的责任。

　　当"黑白合同"无效，施工方与发包人就工程款结算事宜协商不成的，最好委托专业建筑工程律师协助处理，积极收集证据资料后及时向法院起诉，通过法律途径解决纠纷。倘若有需要，可向律师咨询后，再做决定也不迟。

[案例拓展]

　　"黑白合同"就是人们常说的阴阳合同，这种合同需要经过招投标才可以订立，并且由法律法规规定，受相关法律法规调整。开发企业与施工方签订两份合同，这两份合同是关于同一工程项目的，标的也相同，但是合同的内容却并不一样。两份合同中有一份用于相关部门的备案，另一份是不对外公开的秘密合同。备案的合同被称为"白合同"，协议内容公平公正，用于对外公开；秘密合同被称为"黑合同"，双方一般会在这种合同中具体约定工期和价款等细节。在这类合同中，双方权利义务大多是不对等的，但是仍有很多施工方即便面对不对等的条件也想要获得这个难得的机会。"黑白合同"纷繁复杂，但是实践中也并不难判断。首先看两份合同是不是针对同一个建设工程而签订的，只有针对同一建设工程才可能构成"黑白合同"。如果是两个不同的建设工程的合同，那只能构成两个独立的合同。其次，"黑白合同"必须是合同精神和合同内容相反的两个合同。也就是说，黑合同中双方的权利义务是不对等的，往往是开发企业对施工方进行压榨，施工方迫于无奈而签订的合同，黑合同往往违背了合同平等的原则。

实践中要注意区分实质性变更和正常合同变更的区别。经过备案的合同并不是不允许变更的，备案合同签订后可以根据实际情况的变化签订补充协议。例如签订合同时，合同价款的确定是根据工程的方案设计、初步设计、施工图设计进行预估的，但在实际施工过程中，因建筑材料价格、人工工资大幅上涨及设计图纸的变更而引起的合同内容的变更等导致最终合同价款变化，属于合同正常变更范围之内，应当予以认可。故如果仅仅是对"白合同"涉及一些具体问题的修改或补充，是被允许的，亦不应被视作"黑合同"。是否属于建设工程施工合同中的"黑合同"应结合当时施行的《最高人民法院关于审理建设工程施工合同纠纷案件适用法律问题的解释》第二十一条的立法目的及合同签订后客观情况是否发生了重大变化等事实综合判断。当时施行的《最高人民法院关于审理建设工程施工合同纠纷案件适用法律问题的解释》第二十一条的立法目的是打击建设工程招投标过程中的不正当竞争行为。该条司法解释并没有排除建设施工合同双方当事人依法变更合同的权利，因为合同变更是法律赋予合同当事人的法定权利。而本案中，合同签订后客观情况发生了重大变化，人工及主要材料价格大幅上涨，已超出施工单位实际承受能力，继续按原合同履行难以实现合同目的。

第九章
运输合同

问题1：
运输合同保价条款的效力如何？

[案例]

2018年12月18日，郭某自A市委托哪都通物流公司运送52件家具至B市，保价声明价值5000元，运费为13714元。郭某在托运人处签名确认。该运单背面印制的哪都通物流公司契约条款，以加粗字体载明赔偿规则为："（1）托运人未保价，则在对应总费用的5倍以内赔偿托运货物的实际损失，最高不超过货物的实际损失。（2）托运人已保价，实际价值大于或等于声明价值时，货物全部毁损或灭失，按照保价声明价值予以赔偿；若货物部分毁损或内件缺少，则按照声明价值和损失的比例赔偿。实际价值小于声明价值时，货物全部毁损、灭失，按照实际价值赔偿；货物部分毁损、灭失时，则按照实际损失赔偿。"2018年12月26日，案涉家具运至B市后被发现在运输途中损坏，郭某与哪都通物流公司确认共计损坏10件家具，郭某提交了商家对损坏家具询价的报价单，报价单载明金额合计为152740元。郭某称系哪都通物流公司工作人员要求其填写的保价声明价值5000元，并告知郭某最高保价5000元。

[法律问题]

1. 哪都通物流公司是否尽到提示说明义务？
2. 哪都通物流公司是否应承担保价范围外赔偿责任？

[法律分析]

《中华人民共和国民法典》第八百三十三条规定："货物的毁损、灭失的赔偿额，当事人有约定的，按照其约定；没有约定或者约定不明确，依据本法第五百一十条的规定仍不能确定的，按照交付或者应当交付时货物到达地的市场价格计算。法律、行政法规对赔偿额的计算方法和赔偿限额另有规定的，依照其规定。"货物运输合同中对保价货物的毁损、灭失按保价金额赔偿的相关内容应视为限制责任格式条款，托运

看了就能懂的
法律常识
合同纠纷
KANLE JIU NENG DONG DE
FALÜ CHANGSHI
HETONG JIUFEN

人保价的目的在于保证货物在运输过程中受损时能得到比未保价更高的补偿，以分担货物受损的风险。但本案中，郭某对货物保价的声明价值远低于货物的实际价值，一旦货物受损，按照保价条款获取的赔偿远低于在未保价情况下货物受损所获得的赔偿。郭某作为托运人做此选择，明显不合常理。哪都通物流公司虽在运单背面以加粗字体印制哪都通物流公司契约条款中的赔偿条款，但在其未提供其他证据予以佐证的情况下，不能证明其尽到了提示说明义务。格式条款的适用应当建立在对合同双方权利义务公平划分的基础之上，托运单上"保价声明价值"处填写了5000元，但实际价值高达152740元，使得托运人在对货物进行保价运输的情况下，在货物受损时托运人所享有的赔偿权利受到极大限制，若仅按照保价条款进行赔偿，对托运人显失公平。哪都通物流公司未尽到提示说明义务，在保价条款中保价声明价值远低于未保价时货物受损可能获得的赔偿数额的情况下，该格式条款的设立排除了郭某获得较高赔偿数额的权利，应当认定无效。

[案例拓展]

近年来，随着物流行业的飞速发展，物流纠纷时有发生。物流公司在运送货物的过程中难免会造成货物的损坏或丢失，托运人要求物流公司赔偿损失的案件屡见不鲜。物流公司为了规避自身风险，在托运单中往往约定限额赔偿条款及保价条款。保价是否系物流公司的格式条款？保价条款的效力如何？保价条款与限额赔偿条款之间存在何种关系？物流公司的提示说明义务应履行到何种程度？这些均是司法实践中亟须解决的问题。

判断保价条款是否系格式条款，需从以下三个方面进行分析：一是物流公司相较托运人而言是否处于优势地位；二是双方能否就保价条款进行协商和修改；三是保价条款是否系重复使用并预先设定的条款。托运人与物流公司之间的地位应当根据双方主体身份的不同而做出区分。消费者与物流公司之间并非属于长期关系，由于双方之间的经济实力和信息不对称等因素，难以就物流运单的内容与物流公司之间进行协商，消费者相对物流公司而言常处于劣势地位。保价条款系物流公司重复使用并预先设定的条款，直接预先植入运单的具体条款中，对不同的消费者统一使用。应当适用格式条款的相关规定，对保价条款本身的公平性、合法性、合理性以及对物流公司是否尽到提示说明义务予以详细审查，以便明确保价条款的效力。

物流公司应当以合理的方式提请托运人注意限额赔偿条款及保价条款，并对该条款予以说明。提示义务的履行在于以足以引起投保人注意的文字、字体、符号或者其他明显标志做出提示，说明义务的履行则以对格式条款的概念、内容及其法律后果以书面或者口头形式做出常人能够理解的解释说明为标准。保价条款及限额赔偿条款均能以加粗加黑或者以特殊字体、特别颜色予以显著标识，应当视为物流公司履行了法律规定的提示义务。但物流公司很少对限额赔偿条款及保价条款的内容予以口头或书面说明，保价选项处签字一般系业务员代签。纵使托运人要求保价并在保价选项处签字，也不代表托运人知晓保价的具体赔偿规则。法院应当在具体的案件中对物流公司是否尽到说明义务进行实质审查，以保护托运人的合法权益。

对说明义务的实质审查应着重于对说明方式与说明程度的审查。物流公司作为说明义务的履行者，应承担相应的举证责任。物流公司的说明义务需要以更加直观的形式予以体现，可通过录音等形式证明对保价条款予以口头说明。在如今的电子运单时代，物流公司完全有能力在托运人下单时使托运人知晓未保价及保价时最高获偿数额，与运费一同显示，以证明物流公司尽到说明义务。说明程度的审查系实质审查的核心内容，物流公司对说明义务的证明程度应达到使托运人明确知晓未保价与保价时分别获偿的最高限额的程度。若说明程度无法达到这一点，则不能证明物流公司尽到提示说明义务。保价条款与限额赔偿条款均属于物流公司减轻自身责任的手段和方式。面对当前如此复杂的运输搬运流程，物流行业需承担较高的运输风险，而大部分托运人所支付的运费相对来说较为低廉，此时让物流公司完全承担货物的损失赔偿责任也并不公允。限额赔偿条款及保价条款在一定价格范围内具有其合理性。但应当明确限额赔偿条款有效时，保价条款未必有效。尤其在未足额保价的情况下，对于保价条款的审查应当以公平性原则为基础，严格把握物流公司的提示说明义务。由于保价条款的设立是为修正限额赔偿条款对托运人保护之不足，故而保价条款的最低赔偿标准应高于限额赔偿条款的最高赔偿标准，此为保价条款设立的必然选择。否则保价条款将违反公平原则，对托运人的利益保护显著失衡。

问题2：
寄贵重物品，因快递公司业务员的疏忽而未办理保价，运输造成的损失谁来承担？

[案例]

2019年3月28日，原告在网购网站的瓷器店购得4套瓷器；在4月1日上午收到卖家快递过来的4套瓷器（分5件包装）。拆开包装后细看，原告发现货物虽然完整无损，但不像卖家在网页上说的是老瓷器。下午，原告在网上向卖家提出退货，卖家同意退货。原告觉得这次瓷器量多且体积大，应找个可靠的快递公司来运输退回去的货物，于是就找到了某快递公司。4月2日，通过热线电话快递公司新城分公司派来一辆面包车，收货员是罗某新。收货员查验过各种瓷器确认无破损后，重新包装了各件瓷器后，原告提出办理快递手续。收货员说："这次没带票据，你这么多瓷器又这么大体积，我还不知道用重量还是用体积计费呢！"原告问："我第一次找你们快递寄货物，按你的经验要多少钱快递费？"收货员说："东西值多少钱？"原告答："近万元。"收货员说："好贵哟，大约要300元左右。"原告说："没办法，为安全着想，不找别家公司，就是因为你们有保险嘛，贵点也没办法。"收货员说："加个微信吧，货只有运回公司去办理快递手续了。你放心，到时我会把快递单号发给你，快递费你就用微信转给我好了。"原告说："好的，那就辛苦罗师傅了。"货就这样装车拉走了。过了一段时间果然收到收货员发来的单号，又发一个信息是快递费用，总金额是220元。原告立即用微信转账220元给收货员。

4月10日，原告从网站上得知在某快递公司新城分公司承运的4套瓷器有2套已破损，价值6776元。在正常的情况下，卖家收到退货确认后购物货款就会在网站上自动全款退回给买家。因这2套瓷器破损卖家就以退回物件破损为由拒收2套破损物件，造成这2套瓷器无法从网站退款。因此，本应退回4套瓷器总额为10552元的货款只退回了没破损的2套共3776元。还有2套破损物件6776元转由某快递公司新城分公司按运输途中破损事项来处理。但就在这个环节，快递公司总部在执行理赔时告知原告货物没有办理保值保险。原告听到顿时一头雾水，马上查手机微信，发现220元的费用中有20元的增值服务费，马上打电话给被告快递公司新城分公司查询。他们的回复是：增值服务费一般是指保险费。后再和快递公司总部的人沟通时被告知：20元的增值服务费是包装纸箱的费用，从快递公司新城分公司电脑里看没有登记保值保险费。得知这个情况，原告赶忙驱车到10多公里外的快递公司新城分公司去查看电脑，果然没有保值保险登记。原告和快递公司总部负责处理这件事的人员重复申明：这个破损是快递公司新城分公司在运输途中造成的，无保值保险是基层收货员失误造成的。但无论怎样申明，最后快递公司速运总公司只赔付了616元给原告。

[法律问题]

寄件人明确交寄贵重物品，因快递公司业务员的疏忽而未办理保价，运输造成的损失应由谁承担？

[法律分析]

《中华人民共和国民法典》第八百零九条规定："运输合同是承运人将旅客或者货物从起运地点运输到约定地点，旅客、托运人或者收货人支付票款或者运输费用的合同。"该法条规定了运输合同的性质。在探讨其他问题之前，一定要对它的性质有所了解。判断运输合同中的纠纷问题，首先要明确这个合同是不是运输合同。以后遇到这样的问题，可以用该法条来判断自己的合同是不是运输合同。

《中华人民共和国民法典》第八百一十一条规定："承运人应当在约定期限或者合理期限内将旅客、货物安全运输到约定地点。"此条规定在解决纠纷的时候起着至关重要的作用。运输期限和运输地点是运输合同中的重要事项，同时也对承运人的义务履行做了明确的规定。

本案是一起因货物运输引发的纠纷。原告与被告快递公司新城分公司通过委托，双方之间形成了货物运输合同关系，原告是托运人，被告某快递公司新城分公司是承运人。该货物运输合同是双方自愿签订的，不违反法律、行政法规强制性规定，合同合法有效，具有法律约束力。法院予以确认，故双方均应按约定履行。

被告某快递公司新城分公司认为原告由于未办理货物保价，货物损毁的赔偿额只能为616元（44元/件×2件×7倍）的主张，缺乏事实根据和法律依据。本案中，是罗某新疏忽未为涉案4套瓷器办理保价，从而造成损失，因此该责任应该由某快递公司新城分公司承担。在诉讼过程中，某快递公司新城分公司主张是不同意办理保价，但未能提供证据予以证实其主张，应承担举证不能的不利后果。

[案例拓展]

所谓保价，是指由寄件人声明货物价值，并支付相应比例的保价费用。保价给了当事人一种自由选择的权利，可以选择承运人只赔偿限额或者可以选择赔偿物品损失的全部。托运人要求承运人承担超额责任赔偿时，托运人除按规定交纳运费外，还应按照其声明价值的一定百分比交纳保值附加费。保值附加费虽然是一个额外的费用，但其也是运费的一部分，交纳了保值附加费之后，就可以突破承运人的赔偿限额，提高了赔偿的上限，更大限度地保障自己的利益。保价运输是双方当事人自愿形成的合同关系，没有强迫的情况，双方就赔偿责任限额达成了一致，出现纠纷之后应当按此赔偿办法执行。承运人和托运人用一种特殊的运输方式来完成对托运货物的运输，货物价值在运输之前双方就已明确。因此，这种特殊的运输方式要求托运人交纳额外的运输费用和保价费用，而作为回报，承运人应当对货物细心照料。在货物受损时，承运人应当按照货物的原有价值进行赔偿。保价条款一般约定为："保价货物发生损失的，快递公司按照损失与保价金额的比例承担赔偿责任。未保价货物发生损失的，则按照快递运费的3至5倍予以赔偿。"保价条款属于快递公司为重复使用而事先拟定，并未与对方协商的格式条款。由于快递业具有一定的经营风险，实践中，快递公司为了减少风险，普遍采用保价条款规避责任。该条款又单方面减轻了快递公司的责任，限制了托运人的权利，在合同履行过程中容易产生对托运人不公平的后果。但是承运人对托运人的赔偿也并不是无限的，双方在签订合同时，托运人应当如实告知自己的货物价值多少、保价多少，出现纠纷时以双方的事前说明为准。承运人一般要求托运人按照不超过货物的实际价值或货物在目的地点交付时的实际利益填写声明价值进行赔偿。

看了就能懂的
法律常识
合同纠纷
KANLE JIU NENG DONG DE
FALÜ CHANGSHI
HETONG JIUFEN

问题3：
文艺品运输过程中受损，如何合理确定文艺品修复后的折价价值？

［案例］

2018年10月25日，原告与被告设立在某地的工作站签订了运输合同，约定托寄件为"金丝楠木家具"，收货地点为某省某市A街道，收货人为何某，付款方式为寄付。原告支付了运输费302元。原告申明该物品价值为4万元，并按被告的保价规则交纳了附加服务特安费200元。当家具被运至收货地点时，发现家具名为"精打细算"的算盘断裂，收货人拒收。原告得知后即找被告商量索赔，双方协商未果，原告遂起诉要求判如所请。在庭审过程中，被告申请对原告托运的"精打细算"的价值及修复进行评估。经价格鉴定公司评估，意见是：（1）鉴定评估价值为3万元；（2）修复鉴定评估价值为6500元。另查明，被告对特安服务的解释为："特安服务是为有寄递高价值物品（单票声明价值超过2万元）需求的客户提供特殊监控、专车派送、专业理赔的服务，当货物在运输途中发生丢损，我公司将按照声明价值和损失比例进行赔偿，赔偿金额不超过货物实际损失。"

[法律问题]

1. 原告货物受损后，被告作为承运人是否应当承担责任？如果承担责任，担责任的大小如何认定？

2. 原告货物受损后，原告主张按照保价价值进行赔偿。被告作为承运人主张按照修复鉴定评估价值进行赔偿，应当采取何种价值评估方式？

[法律分析]

邮寄快递时，很多人没有意识到快件可能会丢失或毁损，所以对快件进行保价的人很少。大多数人即便知道也不愿意花多余的钱去保价。本案就给大家提了一个醒，不能因小失大。

《快递暂行条例》第二十七条第一款规定："快件延误、丢失、损毁或者内件短少的，对保价的快件，应当按照经营快递业务的企业与寄件人约定的保价规则确定赔偿责任；对未保价的快件，依照民事法律的有关规定确定赔偿责任。"

本案中，原、被告签订了运输合同，约定收货地址、托运物、付费方式，原告交付了运输费用和特安费，双方运输合同成立。被告有义务将原告托运的货物安全、完好地送至收货地点。被告在运输过程中将原告货物损坏，应当承担违约责任。原告要求被告赔偿损失的请求，法院应予支持。原告所寄的物品是名为"精打细算"的金丝楠乌木雕刻品，形象是一老者手持算盘，做打算盘状。从该家具的名称、形象和寓意来看，算盘应该是这个家具的重点和突出表现部位之一，被告在运输途中将算盘折断，无论采取修补或者其他何种方式处置该家具，其经济价值和艺术价值都将受到较大的影响。虽经鉴定该家具的价值为3万元，但根据《快递暂行条例》第二十七条的规定，原、被告双方已明确约定了保价额为4万元，法院采信双方约定的保价额，对鉴定价值不予采信。最终法院酌情确定由被告承担50%的责任，即2万元。被告没有将原告货物安全运送至收货地点，原告要求退还运输费302元和特安费200元的请求，法院也予以支持。

[案例拓展]

邮寄快递已经成为我们日常生活的一部分，但是涉及邮寄业务的合同纠纷仍然是不可避免的，在邮寄快递时我们通常会遇到哪些方面的问题呢？

1. 快递速度

我国《邮政行业标准》第五章中有关于"彻底延误时限"的规定："彻底延误时限是指从快递服务组织承诺的服务时限到达之时算起，到顾客可以将快件视为丢失的时间间隔。根据快递服务的类型，彻底延误时限应主要包括：同城快件为3个日历天；国内异地快件为7个日历天；港澳快件为7个日历天；台湾快件为10个日历天；国际快件为10个日历天。"一旦快递运输时间超出这个范围，就可以认为快递彻底丢失，托运人可以维权。

2. 快递损坏

《中华人民共和国邮政法》第四十七条规定："邮政企业对给据邮

件的损失依照下列规定赔偿：（一）保价的给据邮件丢失或者全部损毁的，按照保价额赔偿；部分损毁或者内件短少的，按照保价额与邮件全部价值的比例对邮件的实际损失予以赔偿。（二）未保价的给据邮件丢失、损毁或者内件短少的，按照实际损失赔偿，但最高赔偿额不超过所收取资费的三倍；挂号信件丢失、损毁的，按照所收取资费的三倍予以赔偿。邮政企业应当在营业场所的告示中和提供给用户的给据邮件单据上，以足以引起用户注意的方式载明前款规定。邮政企业因故意或者重大过失造成给据邮件损失，或者未履行前款规定义务的，无权援用本条第一款的规定限制赔偿责任。"这给了广大托运人一定的维权依据，出现了损失之后，可以依照法律法规要求相关责任人进行赔偿。

但是要注意的是，赔偿也有一定的条件，有些情况是不赔偿的。《中华人民共和国邮政法》第四十八条规定："因下列原因之一造成的给据邮件损失，邮政企业不承担赔偿责任：（一）不可抗力，但因不可抗力造成的保价的给据邮件的损失除外；（二）所寄物品本身的自然性质或者合理损耗；（三）寄件人、收件人的过错。"案例中的原告并未保价，可见是属于第三款规定的寄件人过错。

3. 霸王条款

快递公司的运输合同中经常会出现"由此产生的后果与公司无关"这样的话，用来免除自己的责任。托运人维权时快递公司会拿出合同，来证明当事人并没有权利要求赔偿。《中华人民共和国民法典》第四百九十七条规定："有下列情形之一的，该格式条款无效：（一）具有本法第一编第六章第三节和本法第五百零六条规定的无效情形；（二）提供格式条款一方不合理地免除或者减轻其责任、加重对方责任、限制对方主要权利；（三）提供格式条款一方排除对方主要权利。"

快递公司排除托运人权利的条文并不具有法律效力，也不可能产生免责的效果。因此，托运人在遇到这样的情况时切勿恐慌，应当及时收集证据，必要时用法律途径来维护自己的合法权益。

4．维权投诉

遇到相关情况可以先找快递公司协商，协商不成也可以找总部投诉。我国《邮政行业标准》第六章中有关于"投诉处理时限"的规定："投诉处理时限应指从快递服务组织记录投诉人投诉信息开始，到快递服务组织提出投诉处理方案的时间间隔。快递服务组织除了与投诉人有特殊约定外，投诉处理时限应不超过：同城和国内异地快件为30个日历天；港澳和台湾快件为30个日历天；国际快件为60个日历天。"在相应的天数内，快递公司会对投诉人进行回复，并提出解决处理方案。

如果超出时间没有回复，或者回复的方案不能解决问题，可以拨打12305，这是邮政业消费者申诉专用电话。根据《邮政业消费者申诉处理办法》第六条规定："邮政业消费者申诉专用电话为'12305'（省会区号-12305）。消费者可以通过电话或者登录国家邮政局和各省、自治区、直辖市邮政管理局网站申诉，也可以采用微信、书信或者传真形式申诉。消费者向市（地）邮政管理局提出申诉的方式，由各省、自治区、直辖市邮政管理局根据实际情况确定。"

第十章
保管、仓储合同

问题1：
酒店消费者免费停车遭水浸的赔偿如何认定？

[案例]

2018年6月8日，梁某开车到某酒店就餐消费，按某酒店指示将车辆停放在某广场地下停车场中指定的专用车位，该地下停车场由莱佛士物业管理服务。某酒店向梁某发放"某酒店专用车位泊车证"及"某酒店泊车卡"，其中载明了该车位是提供给某酒店消费满200元以上的客户免费使用的；如非消费视为违约，需收50元/小时违约金等内容。当天16时许，由于台风天气影响，该地下停车场出现雨水倒灌，导致停放在内的部分车辆（包括梁某的车辆）被水淹。事发后，梁某委托D市某公司对涉案车辆进行水浸受损价值评估，评估结论为车辆水浸受损价值为266512元，为此梁某支付评估费9795元。故梁某起诉请求法院判令：（1）两被告共同赔偿原告车辆损失266512元；（2）两被告共同向原告支付车辆受损评估费用9795元。

[法律问题]

1. 原告是否与酒店或停车场管理人形成保管合同关系?

2. 台风天气能免除酒店的责任吗?

[法律分析]

《中华人民共和国民法典》第八百九十二条规定："保管人应当妥善保管保管物。当事人可以约定保管场所或者方法。除紧急情况或者为维护寄存人利益外,不得擅自改变保管场所或者方法。"保管合同的双方当事人是可以自由约定保管场所的。本案中,双方约定将汽车停在某广场的地下停车场,此事并没有违背法律的规定,双方的约定是合法合理的。

《中华人民共和国民法典》第八百九十七条规定："保管期内，因保管人保管不善造成保管物毁损、灭失的，保管人应当承担赔偿责任。但是，无偿保管人证明自己没有故意或者重大过失的，不承担赔偿责任。"可以看到，保管期间内出现了保管物毁损、灭失情况，如果保管人保管不善是需要承担责任的。本案中，原告在某酒店处就餐消费，并按某酒店的要求将车辆停放在某酒店指定的停车位。从某酒店向原告发放的"某酒店专用车位泊车证""某酒店泊车卡"可知，原告只有在某酒店处消费金额满200元以上的情况下，某酒店才向原告提供免费停车服务，足以说明某酒店向原告提供的并非完全意义上的免费停车服务，而是将停车费的对价包含在上述200元以上的消费金额中。由此说明双方之间形成了主合同关系即餐饮消费服务合同关系，以及基于餐饮消费服务产生的从合同关系，即有偿保管合同关系。在涉案车辆保管期间，因某酒店保管不善造成原告车辆损坏，某酒店应当承担赔偿责任。

第一，消费者免费停车，商场或酒店是否属于车辆的保管人？

商场或酒店为消费者提供停车服务，一般有两种形式：第一种，抵扣券模式，即商场或酒店提供停车费的抵扣券，如果超出抵扣券的部分，由消费者向停车场的管理者支付停车费。这种情况下，车辆的保管人是停车场的管理者，商场或酒店只是帮消费者代付部分的停车费。如保管期间发生纠纷，消费者可以直接要求停车场的管理者承担保管责任。第二种，专用车位模式，即商场或酒店提供停车卡，一般有专用车位，停车费与商场或酒店结算。这种情况下，车辆的保管人是商场或酒店，商场或酒店再将保管服务委托或承包给停车场的管理者。如果保管期间发生纠纷，消费者应向商场或酒店主张赔偿责任，商场或酒店承担责任后，若停车场的管理者有过错，再行追偿。

第二，消费者免费停车，商场或酒店提供的保管服务是不是无偿的？

保管服务是否有偿会影响到归责原则的适用。在专用车位模式中，商场或酒店实际上与消费者建立了基于消费服务而产生的从合同关系即保管合同关系，是否收取停车费用也经常是与消费金额挂钩的。由此可以认定这种保管合同并非无偿，而是将相应的保管费隐藏在消费服务合同的消费金额中。因此可以认定，该保管合同仍是一种有偿合同。

第三，台风等恶劣天气能否成为车辆保管不善的抗辩理由？

虽然台风等恶劣天气非人力所能抗拒，但现有的气象预报机制已成熟完善，人们可以通过不同的公开渠道获得预警信息。作为车辆的保管人也应对这类自然灾害导致的恶劣后果有充分的预知，包括强降水导致车辆被水浸等，并应通知车主注意防范和采取相应的预防措施及救助措施。如保管人并无履行相应的通知义务、预防义务及救助义务，那么对于车辆的损害，保管人应承担全部赔偿责任；如保管人履行了部分义务，则可减轻部分赔偿责任。

[案例拓展]

在就保管合同进行维权的时候，我们应该对合同中双方的权利义务充分了解。

首先，充分了解妥善保管义务。

保管人负有返还保管物的义务，即保管合同只是转移保管物的占有而不转移保管物的所有权。保管合同的目的是为寄存人保管保管物，即维持保管物的现状并予以返还。保管人以返还保管物为合同目的，因此应当妥善保管保管物，这是保管人应负的主要义务之一。有些国家和地区对保管人的这一义务区分无偿与有偿，并分别做出了规定，对保管人提出了不同的要求。无偿保管主要出于社会成员之间的相互协助，而有偿保管则是商业行为。从商业道德的特殊要求出发，对有偿保管的保管人的要求应当更高，其责任应当更重。在无偿保管的情形下，对于重大过失造成保管物毁损、灭失的，保管人承担赔偿责任，对于轻过失，保管人则可免除责任。在有偿保管的情形下，保管人除证明自己对保管物的毁损、灭失没有过失以外，一律承担损害赔偿责任。

其次，保存好保管凭证。

寄存人向保管人交付保管物后，保管合同即告成立。保管人应当向寄存人给付保管凭证。给付保管凭证不是保管合同成立的形式要件，如果当事人另有约定或者依交易习惯无须给付保管凭证，那么保管人可以不向寄存人给付保管凭证，这不会影响保管合同的成立。

从原则上来讲，寄存人向保管人交付保管物后，保管人应当向寄存人给付保管凭证，但当事人另有约定或者依交易习惯无须给付的除外。例如，在车站、码头等设立的小件行李寄存处，一般的交易习惯是向寄存人给付保管凭证。在某些商场外的停车场，按照交易习惯就不向寄存人给付保管凭证，只要有车位就可以停车，驶出停车场时需付款，保管人向寄存人给付付款凭证。现实生活中，人们为了互相协助而发生的保管行为多是无须给付保管凭证的，因为这是基于寄存人与保管人之间的相互信任。保管合同为非要式合同，多数情况下为口头形式，因此保管凭证对确定保管人与寄存人、保管物的性质和数量、保管的时间和地点等具有重要作用。因此，一旦双方发生纠纷，保管凭证将是最重要的证据。

问题2：
第三人侵权时，保管合同中责任人及其责任限度该如何确定？

[案例]

闪某为车辆所有权人。大地公司为福利医院停车场的实际经营管理方。根据停车场监控录像显示，2016年11月11日凌晨3时20分左右，3名男子进入停车场对闪某车辆实施扎轮胎、泼油漆等破坏行为，造成闪某车辆受损，后该3名男子于3时24分左右离开停车场。此后不久，有停车场员工到现场查看。根据闪某提供的发票可知，其支出车辆维修费11780元。庭审中，闪某自认未与大地公司或福利医院签订相关合同，但其主张与大地公司、福利医院形成保管合同关系，并提交加盖停车场收费人员人名章的收据1张。大地公司认可提供人名章的人员为其公司职员，与福利医院无关。大地公司、福利医院均否认其与闪某存在保管合同关系。

[法律问题]

1. 闪某与福利医院、大地公司之间保管合同关系是否成立？

2. 福利医院、大地公司是否应对闪某车辆维修费用承担赔偿责任？

[法律分析]

《中华人民共和国民法典》第八百八十八条规定："保管合同是保管人保管寄存人交付的保管物，并返还该物的合同。寄存人到保管人处从事购物、就餐、住宿等活动，将物品存放在指定场所的，视为保管，但是当事人另有约定或者另有交易习惯的除外。"此法条对保管合同的性质做出了规定，定义了什么是保管合同，也明确了视为保管的情形。

人们在日常生活中需要注意，首先要确认双方的合同是不是保管合同，这样才能在出现纠纷的时候找到对应的解决办法。

《中华人民共和国民法典》第八百九十七条规定："保管期内，因保管人保管不善造成保管物毁损、灭失的，保管人应当承担赔偿责任。但是，无偿保管人证明自己没有故意或者重大过失的，不承担赔偿责任。"

闪某与大地公司之间存在保管合同关系，与福利医院之间不存在合同关系。原因在于：第一，大地公司虽主张并未收到闪某交纳的费用，其与闪某未就车辆停放形成合同关系，但大地公司经营的停车场事实上允许了闪某车辆的停放，且大地公司亦认可其公司收费员向闪某收取了停车费，该收费行为应属职务行为，故大地公司与闪某之间形成了保管合同关系，大地公司对闪某停放车辆负有妥善保管和注意义务；第二，闪某将案涉车辆停放在停车场，并按月交纳费用，符合保管合同履行的特征，故闪某依据保管合同主张权利并无不当；第三，闪某并未提交证据证明其支付的费用由福利医院收取，亦未提交其他证据证明与福利医院存在合同关系，案涉停车场亦由大地公司实际经营，故福利医院与闪某之间不存在合同关系。

3名不明身份人员对其车辆进行了毁损，该行为持续过程不过三四分钟，停车场工作人员虽未在该3人进入停车场时立即发现并进行拦截，但考虑到事发地点系开放式停车场，人员进出较为容易，如要求停车场工作人员在凌晨3点能够立即发现蓄意实施毁损车辆行为的人员并予以制止和拦截，显然超出了正常的注意义务。事件发生后，停车场工作人员立即到现场查看，并在发现车辆受损后报警，其已经尽到了保管人的义务，大地公司就本案所涉合同并不存在违约或瑕疵履行的行为。

闪某的车辆受损系由于案外人蓄意实施侵权行为导致，其应向实际侵权人主张赔偿责任。

[案例拓展]

仓储保管合同约定的保管物通常都是一些重要的货物或动产，一旦出现问题，导致的结果通常都是货物毁损或灭失，这会给寄存人带来很大的损失。虽然诉讼可以维护自己的权益，但是诉讼时间通常比较长，这会影响当事人正常的生意交往，导致不必要的损失。在仓储保管合同的签订过程中，一定要签订完整且正确的合同，这样一来既可以规避风险，也可以充分保障自己的权益。

第十一章
委托合同

⚖ # 问题1：
商事委托中委托人的任意解除权会导致什么样的法律后果？

[案例]

原告杨某平、胡某丰、胡某益、万某军、万某涛、颜某旺均属于某县C镇A村火江组村民，6名原告共同协商将部分自留地、自留山由案外人刘某元承建。2010年9月16日，原告胡某丰、胡某益、万某军、万某涛、颜某旺（甲方）与案外人刘某元（乙方）签订《合作建房协议书》，约定："一、土地和住房的面积划分：地面宽24米，深30米，总面积720平方米，设计8层，1—2层为商铺，3—8层为住房。其中甲方分得1层商铺6个，每个面积宽3.3米×12米；甲方分得住房5—6层，共6套，每套面积不低于120平方米。每套住房及商铺，甲方付乙方6万元，如面积超过140平方米，甲方另加1万元给乙方作补面积款。二、付款方式：乙方必须把第一层商铺建好，甲方预付乙方2万元一套，共计12万元。主体工程完成后，甲方必须把余款每套4万元交清，共计24万元，不得拖欠。除所有建筑面积外，所剩下的土地由甲、乙双方使用。三、乙方建好房后，必须把水电到户，厕所、厨房、房屋地面及店铺门面必须处理好。四、办理房产证产生的费用由甲方承担。五、建房过程中的责任划分：甲方全权负责当地的周边关系处理，如影响正常施工给乙方造成损失，由甲方负责赔偿。乙方负责办理政府部门的相关手续（相关手续费由乙方承担）。六、以上条款，双方无条件服从，不得反悔，如有违约，自愿赔偿10万元给对方。"原告方及案外人刘某元均在协议上签字。2011年6月7日，经某县国土资源局执法监察部门查处，原告在未经批准、未办理用地审批手续的情况下，擅自占用A村火江组山地兴建商品房，属非法用地的违法行为，某县国土资源局对其处以9680元罚款，该罚款由案外人刘某元之妻被告聂某支付。

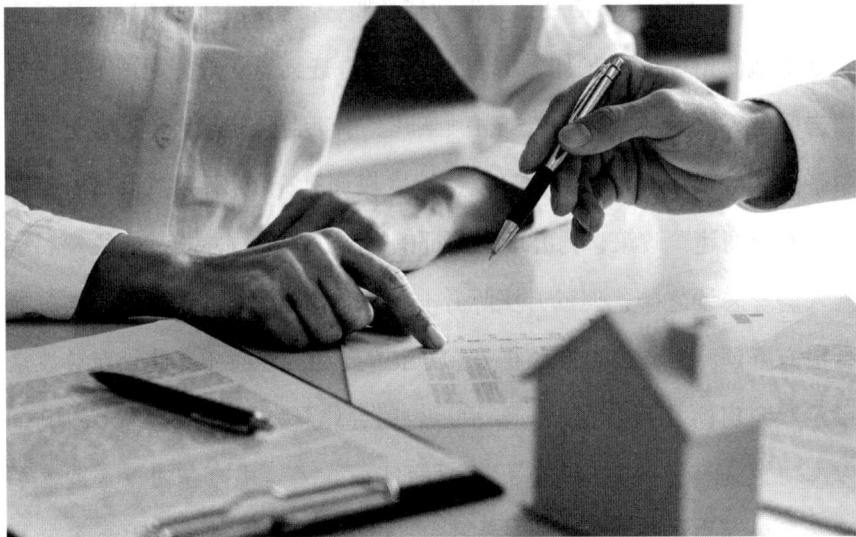

2012年7月4日，案外人刘某元在某县C镇A村火江组所建的综合楼，已建至第8层，因未取得建设工程规划许可证，擅自动工建设，某县建设局向案外人刘某元下达了《停止建设决定书》，责令其对所建

的项目立即停止建设。2012年10月14日，第三人某县国土资源局（甲方）与某县C镇A村火江组六原告（乙方）签订《征地协议》，该宗案涉土地被国家征收，土地所有权归属国家。2014年7月18日，第三人某县国土资源局（出让人）与原、被告（受让人）签订《国有土地使用权出让合同》，合同约定：出让人出让给受让人的宗地位于某县C镇A村火江组，宗地总面积991.4平方米，其中出让土地面积为669.9平方米，公共用地321.5平方米。本合同项下出让宗地的用途为商、住、宅用地。出让人同意在2014年7月30日前将出让宗地交付给受让人。合同还约定土地开发建设与利用、土地使用权转让、出租、抵押、期限届满、不可抗力、违约责任、通知和说明、适用法律及争议解决等事项，第三人某县国土资源局在合同上加盖公章，被告聂某代表其他六原告在合同上签名。2014年12月30日，被告聂某及原告取得某县C镇A村火江组该宗地土地使用权证。2015年6月11日，被告聂某及紫元公司（甲方）与原告杨某平、万某军、万某涛、颜某旺、胡某益、胡某丰（乙方）签订"紫元名城"工程项目合作开发协议之权属补充协议，约定：1. 按照县政府"两违"政策，为办理房产证的需要，甲方同意将乙方六户名字列入房产总证之中，但乙方实际并非该物权的权利人；2. 乙方同意配合甲方办理"紫元名城"整栋房屋登记的一切手续；3. 此补充协议是甲乙双方自愿和真实意思的表示，与原合作开发协议内容不一致的，以本协议为准，双方从签订日起具有法律效力。甲方在协议上加盖了"紫元公司"的公章，聂某在协议上签名，乙方杨某平、万某军、万某涛、颜某旺、胡某益、胡某丰在协议上签名。2015年12月9日，"紫元名城"竣工，该处不动产权利人登记为紫元公司、聂某、杨某平、胡某丰、胡某益、万某军、万某涛、颜某旺，共有情况为房屋单独所有。

2017年7月20日，为将坐落于某县C镇A村火江组"紫元名城"的部分房屋分别过户登记至原告名下，原告与被告聂某签订《不动产登记授权委托书》，委托被告聂某代表原告办理上述不动产首次登记及转换登记一切手续，领取不动产产权证，委托期限自2017年7月20日至该项目所有手续办结为止。该委托书已经在第三人某县国土资源局备案登记。《不动产登记授权委托书》签订后，因原告与被告聂某就所涉房屋补偿金额问题发生争议，原告要求解除与被告签订的《不动产登记授权委托书》，案经调解未成。

[法律问题]

本案是否为委托合同纠纷及原告是否享有任意解除权？

[法律分析]

在生活中，一个人总会有自己的知识盲区，这时候就要借助他人的专业知识，委托他人来替自己做一些事情，委托合同应运而生。但是委托合同也是合同，有合同就会有纠纷，该如何应对委托合同纠纷，保护自己的权益呢？

《中华人民共和国民法典》第九百三十三条规定："委托人或者受托人可以随时解除委托合同。因解除合同造成对方损失的，除不可归责于该当事人的事由外，无偿委托合同的解除方应当赔偿因解除时间不当造成的直接损失，有偿委托合同的解除方应当赔偿对方的直接损失和合同履行后可以获得的利益。"可见，委托人和受托人都可以随时解除委托合同，但是解除的时间如果不当，则要承担相应的责任。法律之所以提出任意解除权，是因为一旦双方关系破裂，委托合同就没有存在的意义，双方也不会认真地履行合同义务，所以任意解除是一种有效的解决手段。

委托人或受托人都是可以随时解除合同的，这样规定是因为委托合同不同于其他合同，"委托"需要委托人和受托人双方有良好的信赖关系，合同是基于信赖关系而订立的。但是委托人和受托人之间的信任是一种主观情感，信任有时会异常坚固，有时又会十分脆弱。因此，在当事人之间出现信任危机的时候，允许任何一方随时解除合同。对于解除合同的规定，主要原因是不希望强行维持委托人和受托人之间的关系，因为不信任的人之间无法继续合作，即便勉强继续合作，互不信任的人也会使委托合同目的难以实现。委托人和受托人之间的信任关系固然重要，但如果委托合同涉及多方利益，仍然赋予委托人和受托人任意解除权，那实际上是纵容了当事人，也滥用了这种信任关系。这样会让当事人的信任付诸东流，也不利于合同的继续履行。

根据公平原则和诚实信用原则，原告要求解除《不动产登记授权委托书》，法院不予支持。同时，根据合同相对性原则，第三人某县国土资源局并非案涉合同相对方，无协助解除合同之义务，法院对原告要求第三人某县国土资源局协助解除《不动产登记授权委托书》的诉讼请求，亦不予支持。

［案例拓展］

委托合同经常见于各种交易中，有些事项本人不方便亲自交易，于是委托他人进行该项工作。委托人通常会给予受托人一定的报酬，但有时也可以是无偿的。可是毕竟委托与自己亲自处理事务不同，有许多地方需要注意，那么委托合同的注意事项有哪些呢？

委托合同是日常生活中常见的一项合同，为了保障委托人的合法、合理利益，对于相关条款应明确约定，所以在签订合同时，一定要注意下列各条款的约定。

1. 委托事务

根据委托合同的性质，委托合同中的相关信息需要准确无误，而除了基本信息之外，具体的委托事务更是不容有失。这主要是为了能让受托人更好地完成委托事务。受托人的工作相对自由，但也受到一定的限制。受托人应当贯彻委托人的要求，以委托人的授权为主要活动范围。一旦超越权限给委托人造成损失，是需要负赔偿责任或减少应收的报酬的。没有委托人的允许，受托人是不可以擅自改变委托事务的，擅自改变可能构成违约。

2. 委托合同的期限

委托合同中，双方对于期限的问题应该明确约定，期限涉及委托事务的完成。受托人如果因为自己的原因而不能完成委托事务，构成违约，从而造成的相关人损失，应承担赔偿责任。

3. 受托人损害赔偿

在有偿的委托合同中，因为受托人的过失给委托人造成损失的，委托人有要求赔偿损失的权利。

在无偿的委托合同中，因为受托人的故意行为或重大过失给委托人造成损失的，委托人可以要求赔偿损失。

4. 委托合同的报酬

有偿的委托合同中，报酬的数额是多少，什么时间支付，以什么样的方式支付都应当约定。

（1）明确约定报酬数额，以什么货币支付，支付多少金额。

（2）明确约定报酬的支付方式，是现金支付、银行转账，还是其他的方式。

（3）明确约定报酬支付时间，在委托结束之后支付报酬，还是在委托时支付一部分，委托结束后支付一部分。

（4）明确如果委托事项只完成一部分，是全额支付报酬、按所完成部分支付，还是不支付报酬。

5. 其他事项

订立合同时，要对委托的具体事宜约定清楚，这样在委托工作完成后，可以确认受托人是否保质保量完成了工作。同时，对违约责任、争议解决的方式、诉讼管辖地等约定清楚，一旦出现违约情形可以追究违约方责任。对违约责任的约定也可以侧面促使双方减少违约行为，对双方也更公平。

第十二章
物业服务合同

问题1：
物业服务瑕疵，业主能否拒交物业费？

[案例]

　　2013年3月12日，原告银杏物业公司登记设立；同年3月26日，远征公司与原告银杏物业公司签订《物业管理服务协议》，约定由原告银杏物业公司进行前期物业管理服务，住宅物业管理服务费0.45元/平方米/月。此后原告银杏物业公司为银杏华庭小区进行物业管理服务。后因与银杏华庭小区业主矛盾重重，原告银杏物业公司于2019年3月30日退出银杏华庭小区。被告朱某于2012年9月26日与远征公司签订《商品房买卖合同》，购买银杏华庭小区×栋×单元××室房屋，合同约定了物业服务费用项目及价格，其中物业费暂定0.45元/平方米/月，垃圾处置费60元/年。房屋实际面积116.32平方米。购房后，被告朱某母亲交纳了截至2015年12月31日的物业费。自2016年1月起，被告朱某以小区到处张贴小广告、消防设备不完整、可视对讲机损坏、绿化设施无人管理等为由，认为原告银杏物业公司未尽到物业管理责任，此后未再交纳物业费。截至2019年3月31日，被告朱某共欠物业费2236元（其中2016年，116.32平方米×0.45元/平方米/月×12月+60元=688元；2017年，116.32平方米×0.45元/平方米/月×12月+60元=688元；2018年，116.32平方米×0.45元/平方米/月×12月+60元=688元；2019年，116.32平方米×0.45元/平方米/月×3月+60元÷12月×3月=172元）。原告银杏物业公司多次催收未果，故提起诉讼，要求被告支付物业费、违约金共计3083.24元，其中，物业费2236元，违约金847.24元。

［法律问题］

1. 原告银杏物业公司是否具有收取物业费的资格？

2. 被告朱某是否应当支付物业费？

3. 本案是否超过诉讼时效？

［法律分析］

原告银杏物业公司是依法成立的物业服务企业，与建设单位远征公司签订了《物业管理服务协议》，并按照协议对银杏华庭小区进行物业管理服务，双方之间的前期物业合同对全体业主均产生效力，其有权依据合同约定向业主收取物业费。

根据银杏物业公司与远征公司签订的《物业管理服务协议》以及远征公司与被告朱某签订的《商品房买卖合同》的约定，原告银杏物业公司作为物业服务企业，已经提供了合同约定的物业服务，虽然在提供物业服务的过程中存在一定不足和瑕疵，但并未构成根本违约，不能成为被告朱某拒付物业费的理由，被告朱某应当及时支付物业费。被告朱某认为，原告银杏物业公司在某些方面未尽到管理和维护义务，可以请求其承担继续履行、采取补救措施的违约责任。

被告朱某自2016年起未再交纳物业费，按照惯常理解，业主应在服务年度内及时交纳物业费，即被告朱某应在2016年12月30日以前缴清当年物业费，故2016年的物业费诉讼时效应自2016年12月30日起算，至诉讼时并未超过3年的诉讼时效，且原告银杏物业公司亦多次通过张贴公告等方式进行了催收，所以本案并未超过诉讼时效。

[案例拓展]

一个好的小区是需要物业服务企业和广大业主共同努力维护的。大多数人花光所有积蓄甚至负债购房，只为给自己寻求一个更好的生活环境。物业服务企业在小区存在的意义就是为所有业主提供公共服务，来维护好小区的日常秩序，营造好小区的环境。但不可忽视的是，物业服务企业亦是一个企业，摆脱不了企业的盈利目的。因此，交纳物业费与提高服务质量是相辅相成的，物业服务质量提高了，业主才能高高兴兴地交纳物业费；反过来，业主及时交纳物业费，物业服务企业才有充足的资金来雇员、购买服务等，从而高质量地完成物业服务工作。

然而在现实生活中，很多业主却以物业不作为理由拒交物业费。物业与业主之间成立物业服务合同关系，物业提供服务，业主支付物业费。按照有关法律的一般精神，只有在物业一方根本违约时，作为合同另一方的业主才是可以拒交物业费的。什么叫作根本违约？就是物业未履行合同义务达到一定的程度或是有严重不履职的行为。物业服务一般包括公共卫生、绿化维护、治安管理等，只有在物业完全不提供服务，或提供服务严重不达标的情况下，业主才能拒交物业费。本案中，业主认为小区有时候出现垃圾未及时清理、小区有人随意张贴小广告等现象，但这不能视为物业根本违约，也不能将其作为其拒交物业费的理由。物业已经为小区业主提供了物业服务，而小区业主亦享受了该服务，虽然服务质量不尽人意，但是不能完全否定物业的付出。业主亦应当支付物业费，同时可以采取其他方式来督促物业提高服务质量。

需要注意的是，物业有很多义务，其中包括充分履行合同，按照合同要求和法律法规规定对小区进行管理，依照行业规范提供优质的物业服务以及维修、养护、管理和维护小区设施。一旦物业违反了这些义务，可能要承担违约责任，违约责任包括继续履行、采取补救措施或者赔偿损失等。但是业主不能消极地以拒绝交纳物业费来对抗，这样既无法律依据也非明智之举，甚至还要承担相应的违约责任，得不偿失。

那么物业公司服务不好怎么办，可以投诉吗？

首先，我们要明白物业费主要用于支付管理服务人员的工资、小区清洁、公用设备维护等。这就意味着，业主在交纳了物业费之后，物业管理公司有责任对小区的环境、治安等问题负责，提供物业管理与服务是物业管理公司的基本义务。一旦物业服务不合格，物业管理公司就要承担相应的法律责任。这个时候，业主完全可以联合业主委员会进行起诉，要求更换物业管理公司。

其次，如果遇到物业服务不到位，或者遭遇偷盗等财物损失，不建议业主通过拖欠物业费的方式进行抵抗，因为这是违法的，业主应该积极跟物业公司进行协商。如果双方协商出现问题，那么建议业主做好取证工作，用图片、视频等形式留存证据，通过诉讼来保护自己的合法权益，而不是消极地拖欠物业费。

问题2：
业主房屋存在质量问题能否成为其拒交物业费的合理理由？

[案例]

2011年11月16日，开放公司幸福分公司与被告赵某签订《幸福阳光尚居管理规约及物业服务协议》，约定开放公司幸福分公司为阳光尚居小区提供物业服务，负责小区建筑及公共服务设施的使用管理、日常维护、巡视检查，园林绿地的管理维修，环境卫生的清理服务，公共秩序的维护，入住管理，园区装饰装修施工监督管理，车辆行驶、停放的秩序维护及停车场地的日常维护；开放公司幸福分公司向业主和物业使用人收取物业服务费、垃圾清运费、电梯运行费、生活用水二次加压及清洗水池费；被告住宅楼物业服务费的收费标准为0.7元/平方米/月、垃圾清运费每月6元/月、生活用水二次加压费5元/月、电梯运行费20元/月；逾期支付物业服务费按每日3‰收取违约金。合同签订后，开放公司幸福分公司为阳光尚居小区提供了物业服务。被告系幸福阳光尚居小区B区住户，住房面积为150.53平方米。被告入住房屋不久后发现房屋质量差，有墙面起皮脱落、外墙漏水的问题，多次维权无果。被告自2018年1月1日起至今未交纳物业服务费。

[法律问题]

被告所居住的房屋存在墙面起皮脱落、外墙漏水的质量问题是否成为被告拒交物业费的合理抗辩事由？

[法律分析]

《物业管理条例》第二条："本条例所称物业管理，是指业主通过选聘物业服务企业，由业主和物业服务企业按照物业服务合同约定，对房屋及配套的设施设备和相关场地进行维修、养护、管理，维护物业管理区域内的环境卫生和相关秩序的活动。"据此规定，原告的职责主要是对公共配套设施和相关场地进行维修、养护、管理。就本案具体事实而言，被告称所居住房屋存在墙面起皮脱落、外墙漏水的质量问题，属另一法律关系，不宜在本案进行评判。物业服务并非针对某一个人或特定的住户，而是将整个物业服务区域视为整体，长期稳定地提供服务，主要包括环境卫生、安保、公共设施维护维修等。物业服务企业不能因为部分业主或物业使用人不支付物业服务费而停止物业服务。原告与被告在平等的条件下签订了《幸福阳光尚居管理规约及物业服务协议》，并没有胁迫情形，实属双方自愿，所以这份协议并不违反相关法律法规，是合法有效的合同，被告应当受到合同的约束。原告按照合同的约定已经提供了优质的物业服务，充分履行了自己的义务，并没有违约。被告也应当按时交纳物业费，积极配合物业管理。

物业服务收费，是物业服务企业按照物业服务合同约定，对房屋及配套设施和相关场地进行维修、养护，管理、维护相关区域内的环境卫生和秩序，向业主所收取的费用。物业服务企业并不是公益组织，也需要盈利。所以，物业费是物业服务企业提供服务的基础，没有了物业费，小区的日常维护也不会顺畅。我国的物业服务尚处萌芽阶段，有很多不完善的地方。物业服务企业对很多费用的收取都不合理，与业主也经常发生纠纷，经常会出现收物业费但是管理不到位的情况，有的小区甚至无物业入驻。因物业管理服务市场存在"市场失灵"和"社会成本"，需要政府这只"看不见的手"来干预。实践中，大多数业主相较于物业都是比较弱势的，因为有时双方连合同都没有，即便有合同也规定得不全面。有时关于物业的管理、组建业主委员会、物业管理收费都是没有明确规定的，业主根本无从下手。这导致双方的权利义务不清晰，在纠纷中往往业主受到伤害，维权困难。本案中，被告无法举证证明其损失的产生系物业不当所致，因而无法提出合理的抗辩理由。

[案例拓展]

物业在我们的生活中扮演了很重要的角色，其通过收取业主的物业费来帮助业主管理小区并处理其他一系列事务。有关物业费的事宜，物业公司应当符合我国法律法规的相关规定。那么，物业费包括哪些费用呢？

1. 物业费包括哪些费用

物业服务成本或者物业服务支出构成一般包括以下部分：

（1）管理服务人员的工资、社会保险和按规定提取的福利费等；

（2）物业共用部位、共用设施设备的日常运行、维护费用；

（3）物业管理区域清洁卫生费用；

（4）物业管理区域绿化养护费用；

（5）物业管理区域秩序维护费用；

（6）办公费用；

（7）物业管理企业固定资产折旧；

（8）物业共用部位、共用设施设备及公众责任保险费用；

（9）经业主同意的其他费用。

物业共用部分、共用设施设备的大修、中修和更新、改造费用，应当通过专项维修基金予以列支，不得计入物业服务支出或者物业服务成本。

2. 物业费怎么算

（1）物业费的确定

物业服务公司为业主或用户提供的不同服务项目，其收费标准是不同的。有些服务项目，其收费标准是物业管理公司与业主或用户协商而确定的。而有些服务项目，其收费标准要按政府有关部门的规定执行。具体来说，有些项目是一次性收费，有些项目则是定期收费的，还有些项目的收费方式较为灵活。具体情况也要看签订的物业管理合同是如何规定的。

（2）物业费确定原则

物业费收取标准一方面要受国家有关政策法规的制约，不能乱收费；另一方面，物业费收取标准还要受用户收入水平的限制。

（3）物业费必须明码标价

物业服务企业向业主提供服务(包括按照物业服务合同约定提供物业服务以及根据业主委托提供物业服务合同约定以外的服务)，应当按照规定明码标价，标明服务项目、收费标准等有关情况。

3．如何拒绝不合理物业费

如果物业服务公司在收取物业费时存在违规收费或不合理收费的情况，业主可提出抗辩，拒绝交纳。

第十三章
中介合同

问题1：
购房参团费能否认定为服务报酬?

[案例]

2017年3月22日、3月29日，贾某分别将10000元、112914元转至房红包公司账户，作为贾某购买大地公司开发的大地未来城××号房的定金、首付、公共维修基金、运营保证金、参团费。同年9月7日，蓝天公司出具收据，收据载明收到贾某交来未来城××号房的运营保证金27899元。2018年1月12日，大地公司出具收据，收据载明收到贾某交来未来城××号房的定金首期52437元。同月20日，房红包公司出具收据，收据载明收到贾某交来××号房的参团费4万元。同年5月4日，在唐山市丰南区人民法院的主持下，当事人自愿达成协议：贾某与大地公司解除双方关于大地未来城××号房屋买卖合同关系，大地公司返还贾某购房款47193元，余款5244元不再返还，蓝天公司退还贾某因购房而支付的运营保证金27899元，大地公司唐山分公司在贾某办理完解约后3日内与贾某共同到丰南住建局办理公共维修基金2578元退费手续。关于

4万元"参团费",贾某认为:该费用并不包括在其支付的购房款中,贾某的全部看房、选房、购房,均是在大地公司销售人员的指引下进行的,从未接触过房红包公司、意家公司的任何人员,也从未与房红包公司、意家公司签订任何协议,不存在事实和法律上的关系,房红包公司、意家公司收取贾某的4万元已经构成了法律上的不当得利,应当退还。房红包公司认为:参团费系中介合同服务费,贾某通过刘某华的渠道找到房红包公司,刘某华正是房红包公司下属销售渠道的负责人;房红包公司收取的费用中,大部分的资金也由房红包公司转到了刘某华账户;贾某实际享受到了购房优惠;贾某与大地公司签约表明贾某已成功购房,房红包公司的中介合同服务义务已经履行完毕,贾某因个人原因导致房屋买卖合同解除,否认房红包公司在其购房时期提供的中介服务的全部劳动成果,有违诚信和公平原则。庭审中,大地公司表示原告是房红包公司推荐给意家公司,意家公司又推荐给大地公司的团购客户,已经享受了团购优惠。

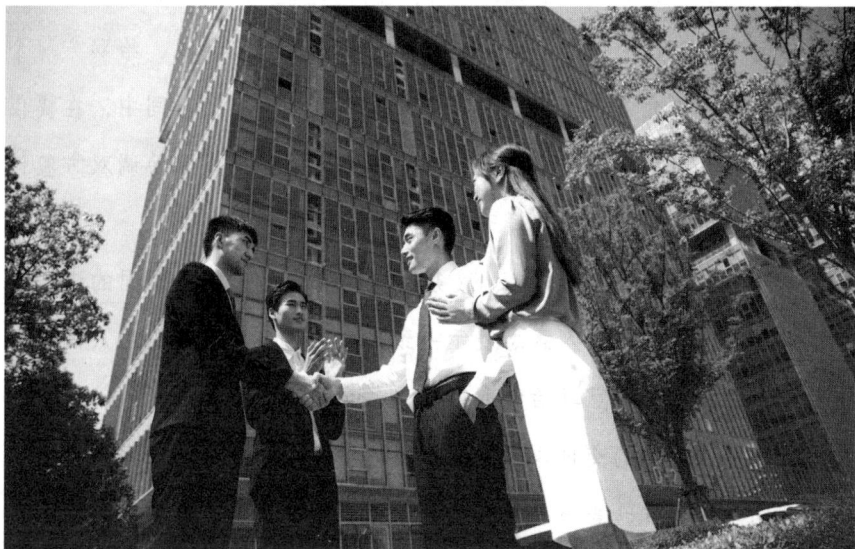

[法律问题]

房红包公司与贾某之间是否形成中介合同法律关系？房红包公司收取的"参团费"，其性质是否属于中介合同费？

[法律分析]

第一，关于中介合同法律关系的认定。

《中华人民共和国民法典》第九百六十一条规定："中介合同是中介人向委托人报告订立合同的机会或者提供订立合同的媒介服务，委托人支付报酬的合同。"

中介合同具有以下特征：

1.合同标的不是法律行为，而是介绍订约的劳务，即中介人向委托人报告订立合同的机会或者提供订立合同的媒介服务。

2.委托人与第三人订立合同时，中介方并不代表任何一方，也不偏袒任何一方，作为中间的介绍人，只是把交易机会促成，给双方一个接触的机会。中介人不能参与到委托人与第三人之间的合同中，在提供完交易机会之后就退出了当事人行列。中介人通常只需要协调双方签订合同，并不会影响委托人与第三人之间的合同内容。

3.中介合同具有诺成性、双务性和非要式性。中介合同的诺成性是指只要委托人与中介人意思表示一致，中介人就负有依委托人的指示进行中介的义务，一旦其活动取得成果，合同即成立，委托人就应支付报酬，无须以实物的交付作为合同成立的要件。中介合同的双务性是指中介合同一经成立，当事人双方均需承担一定的义务。就中介人而言，中介人有据实报告的义务；对委托人而言，合同因中介人而成立后就有支付报酬的义务。中介合同的非要式性是指当事人可以采取口头或者书面形式订立合同，中介合同的成立不需要采用特定的形式。如果合同约定不明确，那么应当遵循交易惯例。

4．中介合同具有有偿性。中介人以收取报酬为业，中介人促成合同成立后，委托人当然要向中介人支付报酬，作为对中介人活动的报偿。不要报酬促进他人订立合同的行为，不是中介合同，而是一种服务性活动，行为人不承担中介合同中的权利义务。

房红包公司虽主张为贾某房屋买卖提供了中介服务，并促成了贾某与大地公司签订房屋买卖合同，但其未提供书面的中介合同或双方达成口头合同的证据，也未能提供证据证明其为贾某实际提供了中介服务，故在无其他证据予以佐证的情况下，不能认定双方形成中介合同法律关系。

第二，关于房红包公司收取的"参团费"性质是否属于中介合同费。

根据庭审各方的陈述，房红包公司收取贾某参团费4万元实际是为了贾某在购房过程中能够享受购房优惠，该费用的性质与普通的中介合同报酬有别，并非仅为提供团购折扣信息的报酬，房红包公司所负的义务也不应仅是在订立房屋买卖合同时使买受方按照优惠价格购买商品房，还应使买受方能够通过合同的履行实际享受到减免房屋价款的优惠，否则买受方支付参团费的目的无法实现。鉴于贾某与大地公司之间的房屋买卖合同关系已解除，贾某实际未能享受到购房优惠，故房红包公司应将参团费退还给贾某。一审法院对此事实认定有误，二审法院予以更正。但贾某主张要求支付参团费利息的请求，缺乏法律依据，法院并没有支持。

[案例拓展]

买房是一件大事。对于一般不了解房屋买卖流程的人来说，房屋中介成为许多人的选择。但现实中，通过房屋中介买房出现纠纷的案例比比皆是，那么我们在通过中介买房的过程中都需要注意什么呢？

第一，找正规的中介公司。

千万不要贪便宜，找一个中介工作人员，让他以个人身份代替自己办理房屋买卖手续。法律上不强制要求中介参与房产交易，但是让中介人员"跑单"处理，就很容易出问题。很多时候他们办事敷衍，比如网签合同的违约条款全部空白，交易条款不完善导致贷款申请无法通过……

第二，不要把身份证押给中介。

房产交易需要身份验证环节，建议亲自到场。其他环节也不需要身份证，向中介机构交付身份证会产生不必要的风险和麻烦。

第三，中介合同与买卖合同分开签署。

原因主要有两个：其一，部分中介忽悠买房人完成网签流程，他们任务完成，买房人就得支付中介费；如果交易没有达成，买房人签了合同也需要支付中介费。其二，房屋中介与房屋交易是两个独立的法律关系，通俗地说是两件事，写在一起会把事情变得复杂。

第四，签订中介合同前必须仔细看合同条款。

成年人需要对自己的每一个签字负责，仔细看一下中介合同条款就能避免很多问题，比如一些极度不合理的条款。一旦签字了，就代表签字人对此认可。

第五，对于中介的口头宣传，可以要求其变成书面合同。

"这个房子一定有重点学校学位","我可以帮你办下贷款"……对于类似承诺，需要把口头承诺变成书面合同条文，否则到时对方不承认做出过口头承诺，即使买房人起诉至法院，也很难获得支持。

第六，独家卖房信息协议。

签字之前考虑清楚，签字之后就要承担相应的责任，凡事做在前面，不要考虑事后补救。

第七，如果发现中介机构存在虚假宣传行为，可以不支付中介费并要求赔偿损失，如虚假宣传学区房。

这一条的关键是拿到证据，我国法律讲究"谁主张，谁举证"，录音固然不错，但更建议把相关内容书面化。没有证据，很多时候只能"哑巴吃黄连，有苦说不出"。对于购买学区房，不要听中介的宣传，最好是找当地教育局确认。

第八，如果中介未尽审查义务，可以要求其赔偿。

具体而言，就是如果中介失职，买房人或卖房人可以向中介主张赔偿。这里需要指出的是，侵权主体应该是中介，如果贪便宜让中介工作人员以个人身份办理，那么到时候追究责任的难度就很大了。

问题2：
无书面合同情形下，中介合同的合同主体如何认定？

[案例]

被告罗某吉为被告大地公司的项目经理。大地公司作为委托人，曾多次与原告蓝天公司签订中介合同，由原告蓝天公司为大地公司在承揽建筑工程中提供中介服务。2013年2月7日、2014年1月29日，罗某吉先后两次向原告蓝天公司的法定代表人曹某惠汇款7万元、4.5万元。2012年4月19日，艾特公司与大地公司签订《湖北省建筑工程施工合同》及《建筑施工合同补充协议》，艾特公司为发包方，大地公司为承包方，大地公司加盖公司印章，罗某吉签字。2012年8月21日，艾特公司与大地公司签订《水电施工合同》，大地公司没有盖章，仅有罗某吉签字。2013年7月15日，艾特公司与大地公司签订《公租房外墙及屋面施工补充合同》，大地公司没有盖章，仅有罗某吉签字。

2015年7月2日，原告蓝天公司制作《回款说明》一份，上面写明："罗某吉就艾特纸业项目应支付蓝天公司27万元（信息管理费27万元），2012年9月至2014年1月已支付了19.5万元，还剩7.5万元未支付给蓝天公司。2012年9月3日支付3万元、2012年11月28日支付3万元、2013年2月7日支付7万元、2013年9月10日支付2万元、2014年1月29日支付4.5万元，合计19.5万元。"被告罗某吉在该《回款说明》落款处写明"欠7.5万元。2015年7月2日　罗"。在2017年8月17日的庭审中，原告蓝天公司的代理人尹某询问罗某吉："回款证明里的签名'罗'是不是你签的？"罗某吉表示："不知道。我就一句话，不知道。"原告蓝天公司诉讼请求为判令：（1）两被告支付拖欠的信息管理费7.5万元；（2）两被告支付原告7.5万元的利息损失7800元（按中国人民银行同期贷款利率自2015年7月2日起计算至2017年7月24日起诉之日止）。

[法律问题]

案涉中介合同是否成立？合同主体如何认定？

看了就能懂的
法律常识
合同纠纷
KANLE JIU NENG DONG DE
FALÜ CHANGSHI
HETONG JIUFEN

[法律分析]

《中华人民共和国民法典》第九百六十三条规定："中介人促成合同成立的，委托人应当按照约定支付报酬。对中介人的报酬没有约定或者约定不明确，依据本法第五百一十条的规定仍不能确定的，根据中介人的劳务合理确定。因中介人提供订立合同的媒介服务而促成合同成立的，由该合同的当事人平均负担中介人的报酬。中介人促成合同成立的，中介活动的费用，由中介人负担。"

第一，罗某吉在2017年8月17日原一审庭审中，对回款说明中的签字是否为本人所签，没有做明确否定，也没有提出鉴定申请。2019年9月3日开庭时，罗某吉虽然否定是其签名，但并未提出鉴定申请。根据民事证据规则，法院认定回款说明中的签字为罗某吉本人所签。第二，罗某吉先后两次向原告蓝天公司的法定代表人曹某惠汇款，汇款的时间与金额与《回款说明》一致。证明罗某吉作为大地公司的项目经理，认可蓝天公司就艾特纸业项目所做的工作并且支付报酬。第三，第三人艾特公司在一审开庭时认可原告蓝天公司为促成大地公司承揽建筑工程所做的工作，明确表示"第三人的项目开始后由原告带着被告大地公司的员工到第三人处商谈项目事宜"。第四，从签订的《湖北省建筑工程施工合同》及《建筑施工合同补充协议》来看，施工方为大地公司，罗某吉作为个人，不可能具备签订建筑施工合同的资质。《水电施工合同》《公租房外墙及屋面施工补充合同》，大地公司没有盖章，仅有罗某吉签字。这也与罗某吉为大地公司的项目经理身份相符合。罗某吉与大地公司在签订建筑施工合同上利益具有一致性，但只能由大地公司作为建筑施工人订立合同。中介合同中，大地公司应是委托人。综上，各方虽未能提供书面中介合同，但现有证据能够说明原告蓝天公司有中介服务行为，罗某吉也曾支付过报酬，通过蓝天公司的中介服务行为，大地公司最终与艾特公司订立了建筑施工合同。因此，大地公司与蓝天公司的中介合同成立。

[案例拓展]

我国目前的中介服务尚不规范，很多时候都是在未签订相关中介合同的情况下提供中介服务，下面我们来看一看在未签订相关中介合同时"跳单"，各方责任应该怎么划分。

一、什么情况下构成"跳单"

"跳单"行为亦称为"跳中介"，是指买受人或出卖人已经与中介（公司）签署了预售确认书、委托求购协议或出卖协议，中介公司已经按照协议履行了提供独家资源信息并促使买卖双方见面洽谈等促进交易的义务，买卖一方或双方为了规避或减少按照协议约定履行向中介交付中介费的义务，跳过中介而私自签订买卖合同的行为。从合同关系上来看，双方已建立委托关系。委托关系的认定首先看双方是否签订书面的中介合同；如果没有签订书面中介合同，是否有其他证据证明双方建立了事实上的委托关系，比如微信、短信等聊天记录，邮件、信件等往来记录以及电话录音等证据。

从履行情况上来看，中介方已经履行了中介服务之义务，已经向买方进行报告订立合同的事宜以及提供与订立合同最密切相关的推荐和看房服务。中介方提供中介服务后未即刻促成交易的原因和责任不在于中介。最后一点，买方接受了中介方的服务后，利用中介方提供的信息机会或者媒介服务，绕开中介方直接订立合同。《中华人民共和国民法典》第九百六十五条规定："委托人在接受中介人的服务后，利用中介人提供的交易机会或者媒介服务，绕开中介人直接订立合同的，应当向中介人支付报酬。"一旦被认定为"跳单"，中介方可以要求委托人支付约定的报酬，以及要求委托人承担合同约定的违约责任，并赔偿损失。

什么行为不构成"跳单"？需要满足以下四个条件中至少一个条件。1.双方未建立委托关系；2.建立委托关系后中介方未履行中介义务；3.因中介方的原因导致当时中介方提供中介服务后未即刻促成交易；4.中介方未取得独家销售代理权，委托人并未利用该中介公司提供的信息、机会等条件，而是通过其他公众可以获知的正当途径获得同一信息，委托人有权选择中意的其他中介公司促成合同成立。

二、不仅凭书面协议认定

由于中介行业自身的不规范，大部分中介在一开始带看时并未签署《看房确认书》或《居间协议》，但如果中介确实提供房源、商定了最终交易价格等，即使没有与委托人及时签署《看房确认书》或《居间协议》，委托人抛开中介与对方直接交易，仍构成"跳单"。

中介提供交易双方信息后，房屋交易双方"手拉手"，是否双方都构成"跳单"？中介是否应收全额佣金？"手拉手"即房屋交易双方在没有中介的情况下直接完成交易。如果交易双方都委托了该中介，则"手拉手"的双方都构成"跳单"。提供房源或购房人信息也属于中介服务之一，但并非完整的中介服务，房屋交易双方绕开中介直接交易，仍需要支付佣金，但如果没有特别约定，法院通常会酌情减少佣金。

第十四章

合伙合同

问题1：
公平原则在合伙合同案件中应如何适用？

[案例]

童某葵为某市西域果香干果商行业主，其与王甲平共同经营该商行。2017年10月9日，王甲平、童某葵和高某里、张某娟签订合伙合同，约定：王甲平、童某葵以店内货物、吐鲁番的冷库及库房内的存货等作价70万元，占比78%，高某里、张某娟投资现金197435元，占比22%，合伙期从2017年10月9日起至2022年10月8日止；王甲平为合伙负责人，负责对外开展业务、订立合同，进行日常管理，出售产品、购进货物，通报每月销售情况和支出、发货、库存等各项数据，支付合伙债务；童某葵为营运负责人，负责货物的种类引进、供应商的选择，品牌策划、定位和招商；高某里、张某娟作为其他合伙人，有权参与合伙事业的管理经营，听取合伙负责人的报告，检查账册及经营情况，共同决定重大事项。双方合伙至2018年1月中旬，因合伙账目、购置车辆等事产生矛盾，高某里、张某娟提出退伙，就退还投资款的金额和时间，双方无法协商一致。2018年2月26日，张某娟和童某葵均在店，接待顾客时，张某娟所报货物价格低于童某葵所报价格，双方矛盾升级。张某娟提出其投资额占总资产的两成，有权卖货；童某葵称工商营业执照上的名字是童某葵，负责人是王甲平，张某娟没有经营权。次日，王甲平、童某葵更换店铺门锁，不让高某里、张某娟入店。2018年3月6日，高某里、张某娟到店后，双方发生言语争执。高某里、张某娟提出其投资额占总资产的22%，王甲平、童某葵没有权利独自经营，王甲平、童某葵称其占78%，执照也是王甲平、童某葵的名字，因高某里、张某娟闹事，王甲平、童某葵已经将高某里、张某娟从合伙人名单中除名，高某里、张某娟再来就报警。2018年5月2日，高某里、张某娟诉至某市人民法院。

为查明本案事实，某市人民法院于2018年9月5日给案外人王乙平作谈话笔录1份。王乙平陈述如下：高某里、张某娟与王甲平、童某葵

看了就能懂的
法律常识
合同纠纷
KANLE JIU NENG DONG DE
FALÜ CHANGSHI
HETONG JIUFEN

均为王乙平以前的同事；2018年1月或是2月（具体时间记不清），高某里、张某娟与王甲平、童某葵发生矛盾，无法继续合伙，王乙平为双方协调，但双方就退还钱的金额和时间没能协商一致，后高某里、张某娟与王甲平、童某葵将账本（共7本）原件交给王乙平保管；2018年2月初，高某里、张某娟到王乙平家将全部账目进行了拍照；2018年3月7日，王甲平、童某葵到王乙平家将全部账本原件拿走，王乙平让王甲平、童某葵出具了账本由其拿走的收据。王乙平提供2018年3月7日其拍摄的7本账本及王甲平、童某葵出具的收据的照片1张。

在案件审理过程中，经高某里、张某娟申请，某市人民法院委托公信天辰会计师事务所对高某里、张某娟与王甲平、童某葵合伙期间的账目进行审计。公信天辰会计师事务所审核认为因无财务管理制度、账目材料不全，无法进行会计审计鉴定程序，终止鉴定。

[**法律问题**]

在合伙账目无法审计的情况下，能否支持原告要求被告退还合伙投资款的请求？

[**法律分析**]

《中华人民共和国民法典》第九百六十七条规定："合伙合同是两个以上合伙人为了共同的事业目的，订立的共享利益、共担风险的协议。"

《中华人民共和国民法典》第九百六十八条规定："合伙人应当按

照约定的出资方式、数额和缴付期限，履行出资义务。"

本案中，高某里、张某娟于2018年1月中旬与王甲平、童某葵发生矛盾后，高某里、张某娟就已提出退伙；双方矛盾升级后，从2018年2月27日之后，高某里、张某娟事实上也再未参与合伙事务，加之王甲平、童某葵也同意双方散伙，故对高某里、张某娟的该项诉讼请求，是可以被法院支持的。

对于高某里、张某娟提出的退还合伙投资款197435元的诉讼请求，根据庭审查明的事实，高某里、张某娟在合伙时确支付被告197435元作为投资，至高某里、张某娟实际再未参与合伙事务时，双方合伙未满5个月，现合伙期间的账目无法进行会计审计，王甲平、童某葵主张亏损无证据证实；王甲平、童某葵作为负责人，并未按照合伙合同约定确定每月销售情况和支出、发货、库存等各项数据，且在法院释明后，以账目丢失为由仅提交合伙期间的部分账本，王甲平、童某葵应退还高某里、张某娟投资款，对高某里、张某娟的该项诉讼请求，法院予以支持。对于高某里、张某娟提出的支付盈利4万元的诉讼请求，因高某里、张某娟无证据证实合伙期间经营状况为盈利，所以高某里、张某娟的该项诉讼请求，是不会被法院支持的。

本案因并非属于合伙企业纠纷案，仅依据几个自然人的协议约定进行合伙经营，往往没有正规的财务制度和财务人员，也没有设立独立的账户，导致在合伙合同纠纷案件的处理中经常会出现账目无法审计、无法确定合伙期间盈亏事实的情况。在上述情况下，通常会依照证据规则，因原告一方无法举证证实其主张，故法院驳回原告一方的诉讼请求。

本案存在账目无法审计、无法确定合伙期间盈亏事实的情况。但根据庭审查明，高某里、张某娟在给付王甲平、童某葵197435元合伙投资款后，双方仅合伙3个多月就发生矛盾，且王甲平、童某葵还以投资占比78%为由称将高某里、张某娟从合伙人名单中除名，并更换店铺门锁，致高某里、张某娟从此之后再未参与合伙经营。此外，根据双方陈述和双方认可的日常经营账目，在矛盾发生前，双方合伙经营状况未见明显异常，故若简单适用上述处理方式，则高某里、张某娟的合伙投资款无法索回，明显失当。因此，本案中可以适用公平原则作为判断标准。

公平原则是民法的基本原则，要求民事主体从事民事活动时秉持公平理念，公正、平允、合理地确定各方权利义务，并依法承担相应责任。具体到本案，王甲平、童某葵作为合伙合同约定的负责人，应当按照合伙合同的约定通报每月销售情况和支出、发货、库存等各项数据，但二人并未按约履行。按此合同约定来分析，在证实合伙期间盈亏的举证责任上，王甲平、童某葵的举证责任明显大于高某里、张某娟的举证责任。在本案审理过程中，二人并未提交证据证实合伙期间存在亏损，且经法院释明后，二人还以账目丢失为由仅提交合伙期间的部分账本，因此，合伙账目无法审计的主要责任应当由王甲平、童某葵承担。

[案例拓展]

第一，合伙企业设立注意事项。设立合伙企业必须依照法律法规的规定，严格遵守相关制度。《中华人民共和国合伙企业法》第十四条规定："设立合伙企业，应当具备下列条件：（一）有二个以上合伙人。合伙人为自然人的，应当具有完全民事行为能力；（二）有书面合伙合同；（三）有合伙人认缴或者实际缴付的出资；（四）有合伙企业的名称和生产经营场所；（五）法律、行政法规规定的其他条件。"

在合伙人出资方面，普通合伙人和有限合伙人不同。普通合伙人应依照《中华人民共和国合伙企业法》第十六条的规定："合伙人可以用货币、实物、知识产权、土地使用权或者其他财产权利出资，也可以用劳务出资。合伙人以实物、知识产权、土地使用权或者其他财产权利出资，需要评估作价的，可以由全体合伙人协商确定，也可以由全体合伙人委托法定评估机构评估。合伙人以劳务出资的，其评估办法由全体合伙人协商确定，并在合伙合同中载明。"有限合伙人应依照《中华人民共和国合伙企业法》第六十四条的规定："有限合伙人可以用货币、实物、知识产权、土地使用权或者其他财产权利作价出资。有限合伙人不得以劳务出资。"

第二，合伙合同应注明以下事项。《中华人民共和国合伙企业法》第六十三条规定："合伙合同除符合本法第十八条的规定外，还应当载明下列事项：（一）普通合伙人和有限合伙人的姓名或者名称、住所；（二）执行事务合伙人应具备的条件和选择程序；（三）执行事务合伙人权限与违约处理办法；（四）执行事务合伙人的除名条件和更换程序；（五）有限合伙人入伙、退伙的条件、程序以及相关责任；（六）有限合伙人和普通合伙人相互转变程序。"

第三，执行事务应依照以下规定。《中华人民共和国合伙企业法》第六十八条规定："有限合伙人不执行合伙事务，不得对外代表有限合伙企业。有限合伙人的下列行为，不视为执行合伙事务：（一）参与决定普通合伙人入伙、退伙；（二）对企业的经营管理提出建议；（三）参与选择承办有限合伙企业审计业务的会计师事务所；（四）获取经审计的有限合伙企业财务会计报告；（五）对涉及自身利益的情况，查阅有限合伙企业财务会计账簿等财务资料；（六）在有限合伙企业中的利益受到侵害时，向有责任的合伙人主张权利或者提起诉讼；（七）执行事务合伙人怠于行使权利时，督促其行使权利或者为了该企业的利益以自己的名义提起诉讼；（八）依法为该企业提供担保。"

第四，合伙解散应遵守以下规定。《中华人民共和国合伙企业法》第八十五条规定："合伙企业有下列情形之一的，应当解散：（一）合伙期限届满，合伙人决定不再经营；（二）合伙合同约定的解散事由出现；（三）全体合伙人决定解散；（四）合伙人已不具备法定人数满三十天；（五）合伙合同约定的合伙目的已经实现或者无法实现；（六）依法被吊销营业执照、责令关闭或者被撤销；（七）法律、行政法规规定的其他原因。"

问题2：
合伙企业中契约精神与意思自治发生冲突怎么办？

[案例]

2001年4月29日，被告赵某敏作为投资人成立了个人独资企业益新饲料厂。2010年至2011年，原告李某宽、孙某武各向益新饲料厂投资150万元，益新饲料厂于2011年6月12日分别向二原告出具了益新饲料厂股金入股证明。2014年6月5日，益新饲料厂注销。2016年10月11日，经工商部门核准，益新公司（自然人独资）成立，营业期限自2014年6月5日至2044年6月4日。庭审中，原告李某宽称益新公司成立后其参与公司经营，原告孙某武称其未参与益新公司的经营。

[法律问题]

原告主张返还入股款是否有法律依据？

[法律分析]

《中华人民共和国民法典》第九百六十九条规定："合伙人的出资、因合伙事务依法取得的收益和其他财产，属于合伙财产。合伙合同终止前，合伙人不得请求分割合伙财产。"

本案中，二原告要求被告返还入股资金属于在合伙企业存续期间退伙。《中华人民共和国合伙企业法》第四十五条规定："合伙合同约定合伙期限的，在合伙企业存续期间，有下列情形之一的，合伙人可以退伙：（一）合伙合同约定的退伙事由出现；（二）经全体合伙人一致同意；（三）发生合伙人难以继续参加合伙的事由；（四）其他合伙人严重违反合伙合同约定的义务。"第四十八条规定："合伙人有下列情形之一的，当然退伙：（一）作为合伙人的自然人死亡或者被依法宣告死亡；（二）个人丧失偿债能力；（三）作为合伙人的法人或者其他组织依法被吊销营业执照、责令关闭、撤销，或者被宣告破产；（四）法律规定或者合伙合同约定合伙人必须具有相关资格而丧失该资格；（五）合伙人在合伙企业中的全部财产份额被人民法院强制执行。合伙人被依法认定为无民事行为能力人或者限制民事行为能力人的，经其他合伙人一致同意，可以依法转为有限合伙人，普通合伙企业依法转为有限合伙企业。其他合伙人未能一致同意的，该无民事行为能力或者限制民事行为能力的合伙人退伙。退伙事由实际发生之日为退伙生效日。"

本案中，各合伙人在入伙时，并未就盈余分配、退伙、合伙终止等事项订立书面合同。合伙后实际经营多年，在无证据证明对合伙财产进行过清算的情况下，无法认定现有合伙财产情况及各自应分得的份额，故二原告要求被告返还入股资金的诉讼请求，依据不足，法院不予支持。

契约精神是一个合同法的概念，合同各方当事人签订合同后，应当严格按照合同履行义务，这也是诚实信用原则的体现。针对合伙企业来说，各合伙人之间基于合伙关系组成了合伙企业，合伙人在合伙合同中并未约定或者有约定但约定条件未成就的情况下，要求退还入股金的行为本身有违诚实守信的契约精神。本案中，当事人未约定退伙条件，在合伙合同履行过程中，合伙人要求退伙也是当事人意思自治的体现。在商业活动和日常的经济生活中，这种矛盾存在着动态平衡。在审判实务中，合伙人的意思自治与合伙人契约精神之间的冲突就成为首先要解决的问题。

合伙企业存在的基础是合伙人共同出资。就合伙人设立合伙企业的目的来看，是为获得经济利益和推动企业发展。在市场经济环境下的当代社会，企业经营生产本身受市场供需关系和经济环境的影响较大，企业发展或存续与否都应当由企业自身决定。人民法院在审理合伙企业纠纷中，会适当考量诚实信用原则和当事人的意思自治原则。为维持企业的正常发展和稳定，在未达到合伙人约定的退伙条件或法定条件下，合伙人向人民法院提起诉讼要求判令其他合伙人或合伙企业退还出资时，人民法院不会主动审查企业是否符合清算的条件，对企业进行清算或者直接搁置合伙企业的债权债务，不经清算直接判令合伙企业或其他合伙人退还出资。故本案中法院驳回了原告的诉讼请求。

［案例拓展］

合伙企业有着自身的优缺点，不同于其他企业。在设立这样企业的时候，需要注意以下几点：

一、合伙企业的优点

合伙企业在资本扩张方面较个人独资企业更有优势。个人独资企业仅有一个投资人，尽管存在整个家庭财产成为个人独资企业资本来源的情况，但该类企业资本规模相对较小、抗风险能力较弱。为扩张资本，单个投资人可通过联合方式，成立合伙企业组织经营，从而解决短期资本积累问题。

尽管现代社会中公司是最普遍采用的企业组织形式，其在迅速筹集资本方面显现出较强的能力，但合伙制度仍在现代企业制度中占有一席之地，其优势在于以下方面：

1．尽管合伙人普遍承担无限连带责任，较公司股东的有限责任承担更多投资风险，但按照"风险与收益挂钩"的基本原理，此种设计保障了债权人利益，从而使合伙企业可以更为容易地获得交易对手的信任，获得较多商业机会并减少交易成本。因此，只要合伙人谨慎控制风险，合伙企业也是一种可选择的企业形态。

2．通常合伙人人数较少，并具有特定人身信任关系，有利于合伙经营决策与合伙事务执行。合伙人共同决策合伙经营事项，共同执行合伙事务，其也可以委托其中一个或者数个合伙人经营。这种合伙人之间的信任关系及合伙企业经营决策方式，迥然不同于公司(特别是股份公司)股东之间的资本联系及公司所有权与经营权分离的状态，为投资者有效控制企业及规避相关风险提供了较优选择。

二、合伙企业的缺点

由于合伙企业的无限连带责任，对合伙人不是十分了解的人一般不敢入伙；就算以有限责任人的身份入伙，由于有限责任人不能参与事务管理，这就产生有限责任人对无限责任人的担心，怕他不全心全意地工作，而无限责任人在分红时，觉得所有经营都是自己在做，有限责任人就凭一点资本投入就"坐收盈利"，又会感到委屈。因此，合伙企业是很难做大做强的。

虽说连带责任在理论上来讲有利于保护债权人，但在现实生活中操作起来往往不然。如果一个合伙人有能力还清整个企业的债务，而其他合伙人连还清自己那份债务的能力都没有时，按连带责任来讲，这个有能力的合伙人应该还清企业所欠的所有债务。但是，他如果这样做了，再去找其他合伙人要回自己垫付的债款就很难成功了，因此，他不会独立承担所有的债款，还有可能连自己的那一份都等大家有能力偿还之后再与大家一起偿还。

三、合伙企业的债务要怎么承担

合伙企业的债务应当先由合伙企业以其全部财产来承担；如果企业的财产不足以清偿债务，再由合伙人承担连带责任；而需要清偿的合伙企业的债务如果超过合伙人应当承担的份额，该合伙人可以向其他合伙人追偿。

第十五章

其他

问题1：
服务合同中违反安全保障义务的违约责任如何认定？

[案例]

林某雪登记入住位于某县的大地酒店。2017年9月30日早上近8时许，林某雪在入住房间的卫生间摔倒受伤，当日入住某市某县人民医院，于2017年10月2日在全麻情况下进行胸12椎压缩性骨折经皮椎弓根螺钉复位内固定术，治疗10天后出院。出院诊断：胸12椎体压缩性骨折，盆腔积液。事故发生后，大地酒店垫付了医疗费39283元，林某雪支付医疗费5488元。2019年1月3日，经某市法医学会司法鉴定所鉴定，林某雪为十级伤残，后续医疗费1.5万元，护理时限为伤后90日，误工时效为伤后180日、营养时限为伤后90日。庭审后，大地酒店书面申请重新鉴定，并支付重新鉴定费2050元。经某市法庭科学司法鉴定所鉴定，林某雪胸12椎体骨折属十级伤残，林某雪后续医疗费需1.2万元。

另查明，林某雪在C区购有私人住宅，在主城区有个人企业，从事加工销售服装、日用百货、五金、建筑材料等，系该公司法定代表人。某市公安局户籍复印件显示，林某雪名下抚养一女，名张某薇；另有一子张某皓，林某雪与张某民于1999年办理结婚登记。其父林某顶，现年70周岁，名下有4个子女负责赡养。

[法律问题]

1. 林某雪与大地酒店之间是否成立服务合同法律关系？
2. 大地酒店是否应就林某雪的损失承担违约责任？

[法律分析]

《中华人民共和国民法典》第一千一百七十三条规定："被侵权人对同一损害的发生或者扩大有过错的，可以减轻侵权人的责任。"

《中华人民共和国民法典》第一千一百九十八条规定："宾馆、商场、银行、车站、机场、体育场馆、娱乐场所等经营场所、公共场所的经营者、管理者或者群众性活动的组织者，未尽到安全保障义务，造成他人损害的，应当承担侵权责任。因第三人的行为造成他人损害的，由第三人承担侵权责任；经营者、管理者或者组织者未尽到安全保障义务的，承担相应的补充责任。经营者、管理者或者组织者承担补充责任后，可以向第三人追偿。"

第一，当违约责任与侵权责任竞合时，当事人可择一主张权利，人民法院应根据当事人的诉讼请求，在举证责任分配、赔偿范围承担等方面做出不同认定。就举证责任而言，根据《中华人民共和国民法典》的规定，公共场所安全管理人未尽到安全保障义务的侵权责任归责原则适用过错责任原则，即当消费者在宾馆受到损害，则应当就宾馆实施了加害行为、宾馆存在过错、加害行为与过错间存在因果关系、消费者实际受到损失等构成要件承担举证责任，否则应承担举证不能的不利后果。在违约责任中，消费者仅需证明其与宾馆间服务合同成立且有效、宾馆未完全履行合同义务、消费者实际受到损失即可，而无须就宾馆存在过错承担举证责任。就赔偿范围而言，无论是侵权损害赔偿还是违约损害赔偿，均应遵循填平原则，但侵权损害赔偿的范围大于违约损害赔偿：除财产上的损失外，还包括非财产损失，如精神损害赔偿等；而违约损害赔偿一般而言仅包括财产损失，且受到合同约定的限制。

第二，服务合同为非要式合同，安全保证义务是服务合同的附随义务。根据交易习惯，消费者办理入住手续时即与宾馆达成了住宿服务的合意，成立服务合同法律关系；消费者与宾馆通常仅就宾馆提供的服务内容、设施设备、消费者支付对价等进行协商，并不会就宾馆应承担保护消费者人身、财产安全等义务另行、单独达成合意，而人身和财产安全是人的基本权利，也是合同目的实现的基础。因此，宾馆作为相对封闭和独立的空间，其经营者自当在提供服务过程中，承担保障入住其中的消费者的人身、财产安全不受侵害的义务。这也符合《中华人民共和国消费者权益保护法》第七条及《中华人民共和国民法典》相关规定，即作为公共场所管理人，应当在合理范围内履行安全保障义务。法律设定安全保障义务目的是促使义务人采取一切必要和适当措施保护他人免受不当危险侵害，但该义务并非意味着受害人自身可免除照顾自己、注意自身财产和人身安全义务。因此，在适用安全保障义务中更应当严格审查义务人是否履行了"安全保障义务的内容"以及义务人履行义务的"合理范围"。现行法律并未对"安全保障义务的内容"及其"合理范围"进行确定规范。通常认为，宾馆等经营活动开展者的安全保障义务内容应遵循审慎标准即善良管理人的标准，主要包括：（1）防范义务，即提供安全的环境以规避可能发生的风险；（2）提示义务，即对可能存在的安全隐患进行充分的警示、提示，并说明防范危险的方法；（3）救助义务，即在危险发生后及时救治，避免损失扩大化。"合理范围"则需要综合考量义务人的实际行为是否符合法律法规以及所在特定行业规范的要求，是否符合善良从业者的一般标准及社会公众的合理期待等。

本案中，林某雪主张大地酒店违反合同义务，但举示证据仅能证明其在大地酒店滑倒受伤及受到财产损失，而未就大地酒店存在违约行为提交相关证据。法院根据合同纠纷举证责任分配一般原则，认定林某雪承担举证不能的不利后果。同时，法院根据大地酒店提交酒店内照片等证据，并结合宾馆从业者通常所采用的防滑措施、林某雪系完全民事行为能力人、损害发生时间为入住后第二天早上、宾馆客房具有私密性等特点，其已在合理范围内尽到安全保障义务，综合认定大地酒店已采取的防滑措施并未低于其所收取住宿费用的标准，大地酒店无法提供更多、更高级别的防护措施，其已履行了服务合同中安全保障的附随义务，进而驳回林某雪诉讼请求。

林某雪受伤地点系大地酒店房间浴室内，大地酒店在庭审中举示的酒店房间内部照片显示，卫生间浴室玻璃门张贴有中英文双语"小心地滑"字样的安全警示语，其张贴载体为全透明玻璃隔断，其颜色呈金底黑字，较为醒目。同时，卫生间已作干湿分区，作为浴室部分的地面附着防滑地砖，浴室亦配有玻璃门以防止淋浴时喷水外溅导致干区地滑，酒店内亦配有防滑拖鞋。综合以上现场照片，法院认为，大地酒店已经尽到安全审慎义务，林某雪要求大地酒店承担违约责任，仍应当就大地酒店存在违约行为提供证据证明。综合林某雪在庭审中提交的证据，仅能证明林某雪在大地酒店内受伤、报警、送医、受伤程度、治疗费用、身份状况及其抚养人与赡养人的信息等，并无其他证据证明大地酒店在提供服务过程中存在违约行为或者存在安全隐患，故对于林某雪要求大地酒店因违约承担其人身损害赔偿的诉讼请求法院不予支持。

[案例拓展]

人们在受到人身伤害时，可以要求哪些赔偿，又应当怎么计算呢？

《中华人民共和国民法典》第一千一百七十九条规定："侵害他人造成人身损害的，应当赔偿医疗费、护理费、交通费、营养费、住院伙食补助费等为治疗和康复支出的合理费用，以及因误工减少的收入。造成残疾的，还应当赔偿辅助器具费和残疾赔偿金；造成死亡的，还应当赔偿丧葬费和死亡赔偿金。"

《最高人民法院关于审理人身损害赔偿案件适用法律若干问题的解释》第一条规定："因生命、身体、健康遭受侵害，赔偿权利人起诉请求赔偿义务人赔偿物质损害和精神损害的，人民法院应予受理。"

第一，医疗费。

医疗费是指为了使直接遭受人身伤害的自然人恢复健康，进行医疗诊治的过程中所花费的必要费用。

计算方式如下：

医疗费＝诊疗费＋医药费＋住院费

医疗费赔偿金额，按照一审法庭辩论终结前实际发生的数额确定。一般以医疗机构的诊断证明和医药费、治疗费、住院费的单据或病历、处方认定。必要时，可以委托司法鉴定机构进行鉴定。

在诉讼过程中，治疗尚未结束的，除对已经实际发生的治疗费用赔偿外，对尚需继续治疗的费用，经有关医疗机构证明或者经调解双方达成协议的，可以一次性给付，或由赔偿权利人在治疗结束后另行起诉。

第二，误工费。

误工费是指受害人因遭受人身伤害，致使其无法进行正常工作或正常经营活动而丧失的工资收入或者经营收入。

误工时间的确定，一般以医院建议休息时间或者司法鉴定意见为准。如果受害人因伤致残持续误工的，误工时间可以计算至定残日前一天。

受害人是另谋职业的离、退休人员的，其误工费的赔偿可以区别以下情况处理：（1）符合政策法律规定的，其实际减少的收入应予赔偿；（2）违反政策法律规定的，对其赔偿请求不予支持。

受害人无劳动收入而要求赔偿误工费的，不予支持。如果受害人是家务劳动的主要承担者，因受害确实无法从事家务劳动造成其他家庭成员负担过重的，可酌情予以经济补偿。

第三，护理费。

护理费是指受害人因遭受相当程度的人身损害，导致其行动能力和自理能力在一定程度上降低，为了帮助其进行正常的生活，在医疗诊治和修养康复期间，根据医疗机构的意见或司法鉴定，委派专人对其进行护理，并因此所需的费用。

看了就能懂的
法律常识
合同纠纷
KANLE JIU NENG DONG DE
FALÜ CHANGSHI
HETONG JIUFEN

护理人员原则上只一人，但医疗机构或者鉴定机构有明确意见的，可以参照确定护理人员人数。

护理期限应计算至受害人恢复生活自理能力时止。受害人因残疾不能恢复生活自理能力的，可以根据其年龄、健康状况等因素确定合理的护理期限，但最长不超过二十年。

受害人定残后的护理，应当根据其护理依赖程度并结合配制残疾辅助器具的情况确定护理级别。

第四，交通费。

交通费是指受害人及其必要的陪护人在就医或者转院治疗过程中，因需乘坐交通工具而实际发生的费用。交通费应当以正式票据为凭；有关凭据应当与就医地点、时间、人数、次数相符合。

第五，住院伙食补助费。

住院伙食补助费是指受害人在住院治疗期间因为必要的饮食消费而支出的费用。

受害人确有必要到外地治疗，因客观原因不能住院的，受害人本人及其陪护人员实际发生的住宿费和伙食费（合理部分），也属于住院伙食补助费的范畴。

第六，营养费。

营养费是指受害人在诊疗期间，为了及时恢复健康，在医生的指导和要求下，为购买营养物品所支出的费用。

营养费的赔偿期限，可以委托司法鉴定机构进行计算，也可以在征求医疗机构的意见后酌定。

第七，残疾赔偿金。

残疾赔偿金是指由于相当严重程度的人身损害，致使受害人身体残疾或者丧失劳动能力而导致其收入减少或者生活来源丧失，在此种情况下给予受害人一定数额的财产损害性质的赔偿。

残疾赔偿金赔偿年限的确定，自定残之日起按二十年计算。但六十周岁以上的，年龄每增加一岁减少一年；七十五周岁以上的，按五年计算。

受害人因伤致残但实际收入没有减少，或者伤残等级较轻但造成职业妨害严重影响其劳动就业的，可以对残疾赔偿金做相应调整。

如果赔偿权利人能够举证证明，其住所地或者经常居住地城镇居民人均可支配收入高于受诉法院所在地标准的，则残疾赔偿金或者死亡赔偿金可以按照其住所地或者经常居住地的相关标准计算。

第八，残疾辅助器具费。

残疾辅助器具费是指在受害人因人身伤害致残的情况下，为补偿其丧失的器官功能，辅助其实现生活自理或者从事生产劳动而购买、配备的生活自助器具，如购买假肢、轮椅等支出的费用。

因残疾需要配制补偿功能器具的，应当根据医疗机构的证明或司法鉴定意见，结合使用者的年龄、我国人口平均寿命、器具使用年限等因素，按照普及型器具的费用计算赔偿数额。伤情有特殊需要的，可以参照辅助器具配制机构的意见确定相应的合理费用标准。

辅助器具的更换周期和赔偿期限参照配制机构的意见确定。

第九，丧葬费。

丧葬费是指受害人因人身伤害失去生命，受害人的亲属为了处理其丧葬事宜而支出的必要费用。

第十，死亡赔偿金。

死亡赔偿金是指在受害人因遭受人身伤害失去生命的情形下，由赔偿义务人给予其近亲属的一定数额的赔偿费用。

死亡赔偿金赔偿年限的确定，按二十年计算。但六十周岁以上的，年龄每增加一岁减少一年；七十五周岁以上的，按五年计算。

如果赔偿权利人能够举证证明，其住所地或者经常居住地城镇居民人均可支配收入高于受诉法院所在地标准的，则残疾赔偿金或者死亡赔偿金可以按照其住所地或者经常居住地的相关标准计算。

第十一，被扶养人生活费。

被扶养人生活费是指在受害人因人身伤害致残丧失劳动能力或者死亡的情况下，给予受害人依法应当承担扶养义务的未成年人或者丧失劳动能力又无其他生活来源的成年近亲属一定数额的维持其正常生活的费用。

被扶养人还有其他扶养人的，赔偿义务人只赔偿受害人依法应当负担的部分。被扶养人有数人的，年赔偿总额累计不超过上一年度城镇居民人均消费支出额。

第十二，精神损害抚慰金。

精神损害抚慰金是指在受害人遭受严重的人身伤害，甚至导致残疾或者死亡的情形下，受害人及其近亲属在精神上遭受巨大创伤，并基于此而要求赔偿义务人给予受害人及其近亲属一定数额的赔偿。

精神损害抚慰金的计算，适用《最高人民法院关于确定民事侵权精神损害赔偿责任若干问题的解释》予以确定。

问题2：
房屋预售合同出现纠纷应当怎么解决?

[案例]

2014年11月初，原告张某购买了第二被告A市某房地产开发公司（以下简称房地产公司）的一套二室一厅商品房。同年11月24日，原告张某与第二被告房地产公司正式签订了《认购登记书》，明确约定房款为人民币45万元。由于该房是由第二被告房地产公司给第一被告A市房地产经纪有限责任公司（以下简称房地产经纪公司）包销的，同年12月5日，第一被告房地产经纪公司又与原告张某签订了一份《预售合同》，该房屋的总房款亦为人民币45万元。之后，原告按合同约定分期支付给第一被告房款。

2014年12月26日，原告与第二被告签订《出售合同》时，由于该房的销售价与包销价不同，出于少缴税费的目的，第二被告在《出售合同》中将该房屋的房款写为人民币38万元。之后，第二被告按期交付了房屋，原告也按约定向第一被告交付了45万元的全部房款，并对该房屋进行了装修，后又住进了新房。按理银货两讫，三方当事人应相安无事了。但是，过了一段时间，房地产市场行情下跌，买房的优惠条件纷纷登场。原告张某对自己过早购房不由得产生了吃亏的想法。在好朋友的怂恿下，原告萌发了追讨两份合同的房屋差价7万元的念头，与第一、第二被告几经交涉，要求讨回7万元差价。由于原、被告三方意见不一，未能谈妥。

原告张某认为，其为购房与第一被告房地产经纪公司签订了《预售合同》，分期支付了全部房款45万元。之后，其又与第二被告房地产公司就同一房产签订了《出售合同》，约定房款为38万元。现经查明，该房产权人为第二被告房地产公司所有，故其与第一被告签订的《预售合同》为无效，应当按照《出售合同》中有关规定的内容履行合同。

于是，原告张某于2015年8月依法向A市西城区人民法院提起诉讼，要求人民法院判决被告返还房屋总款差价7万元并承担相应的利息。第一被告房地产经纪公司认为，讼争房屋产权确非其所有，但其与第二被告房地产公司之间订有包销协议，其与原告张某签订的《预售合同》符合法律的规定，对双方当事人均产生法律约束力，双方当事人都必须按照合同的内容履行义务，因此不同意返还7万元和赔偿利息。第二被告房地产公司认为，原告所购房屋的总价为45万元，且已全部付清房款并入住；为少缴税费，双方在《出售合同》上将房款写为38万元，并没有侵犯原告的合法权益，因此原告的诉讼请求是没有法律依据的，不同意返还7万元及其利息。

法院最终认定，原告与第二被告签订的《认购登记书》有效，原告与第二被告签订的《出售合同》中除房款条款无效外，其余部分有效，对原告要求第一被告返还房款7万元及赔偿利息损失的诉讼请求不予支持。

[法律问题]

1. 本案中，有关本案房屋买卖的三份协议应当如何认定其效力？

2. 本案中，如何确定原告、第一被告、第二被告三者之间的法律关系？

3. 在房屋购买过程中，《预售合同》与《出售合同》中的房屋价款不一致时，应以哪份合同为准？

[法律分析]

第一，本案三份房屋买卖协议的效力认定。

本案中，第一份《认购登记书》是合法有效的；第二份《预售合同》是无效的；第三份《出售合同》除房款条款无效外，其余内容有效。

《中华人民共和国民法典》第一百四十三条规定："具备下列条件的民事法律行为有效：（一）行为人具有相应的民事行为能力；（二）意思表示真实；（三）不违反法律、行政法规的强制性规定，不违背公序良俗。"因此，房屋买卖合同是一种双务、有偿、要式的合同，要具有相应的法律效力，除了必须具备上述三项条件外，还必须符合我国房地产管理部门的有关规定。

从以上三份协议来看：第一，《认购登记书》是合法有效的。这是双方当事人真实意思的表示，缔约的主体具有相应的民事行为能力。协议的内容符合法律规定。第二，《预售合同》是无效的。这是因为合同的内容虽是双方当事人真实意思的表示，但第一被告作为包销商不具备签订讼争房屋预售合同的主体资格。根据我国法律规定，只有房地产的开发商取得国家预售许可证才有资格与买房人签订预售合同。第三，《出售合同》除房款条款无效外，其余内容有效。这是因为该合同是原告与第二被告签订的，双方当事人意思表示真实，缔约主体合法，但合同中的房款将原来的45万元写为38万元是规避缴税的行为，损害了国家的利益，这一条款理所当然应当属于无效条款，但不影响其他条款的效力。

因此，法院确认《出售合同》除房款条款无效外，其余部分有效，责令双方更正房款条款并依法纳税。

第二，原告与第一被告、第二被告之间的法律关系。

本案中，第二被告与第一被告之间是包销关系；第二被告与原告之间是房屋买卖关系；第一被告与原告之间因包销协议而产生的是卖房人之代理人与买房人之间的关系。

本案中，原告、第一被告、第二被告之间存在三种法律关系：其一是第二被告与第一被告之间的包销关系。第二被告作为开发商、销售商，将讼争房屋授权给第一被告包销，对外是种代理关系；第一被告以第二被告的名义向买房人出售房屋，对内是一种附条件的买卖关系，第一被告包销讼争房屋，按期付包销款，获取销售价与包销价之间的差价。如包销的房屋不能全部出售，则由包销商全部买入。

第二被告与原告之间系房屋买卖关系。由于第二被告与第一被告之间存在包销关系，买卖活动是在第一被告与原告之间具体进行。因此，两者之间是名义上的具有法律形式的买卖关系。

第一被告与原告之间系因包销协议而产生的卖房人之代理人与买房人之间的关系。从本案给付房款的方式来看，两者之间是一种实质意义上的房屋买卖关系。

由于目前我国房地产交易中对包销行为尚无法律调整及禁止性的规定，因此，对包销协议的效力无法否定。第一被告作为本案房屋买卖合同的实际收款人得到了第二被告的认可，基于第二被告与原告之间的房屋买卖合同依法有效，实际上，第二被告与第一被告之间的包销关系亦得到了确认，但第一被告以自己的名义与原告签订《预售合同》，根据目前的有关规定该合同是无效的。

第三，本案中，《预售合同》违反法律规定而无效。

《出售合同》中关于房款的条款因损害国家利益而无效，因此应当按照《认购登记书》中的房款价来执行。本案中，原告要求确认《预售合同》无效是正确的。因为在《预售合同》中，第一被告作为包销商不具备签订讼争房屋《预售合同》的主体资格，因此导致合同无效。但原告对房款45万元认可并已付清，对于《认购登记书》中所写房款45万元与《出售合同》中所写房款38万元都是明知的。因此，对于《出售合同》所写房款38万元的逃税行为，是一种损害国家利益的行为。原告亦负有一定的责任。

本案中，《预售合同》虽被确认为无效，但《认购登记书》被确认为有效，《出售合同》部分有效。基于讼争房屋总房款已付清，因此对《预售合同》被确认无效后的处理已无实际意义，不存在各自返还和承担损失的民事法律责任。但是，原告要求按《出售合同》的房款38万元计算，追索7万元差价及赔偿利息的诉讼请求缺乏事实与法律依据。在《出售合同》中，当事人为逃税将合同中的房款写成38万元，属于损害国家利益的行为，涉及房款的条款当属无效条款。此时，应当根据《认购登记书中》的约定来处理本案，即按照45万元的房款来执行。因此，原告的诉讼请求得不到法院的支持，应当承担败诉的法律责任。但《出售合同》少写房款逃避缴税的行为，应由双方当事人依法补正。

[案例拓展]

即便是预售合同，出卖方也应当告知关于商品的相关信息，房屋的预售合同也是同样的道理。

根据《中华人民共和国消费者权益保护法》第八条规定："消费者享有知悉其购买、使用的商品或者接受的服务的真实情况的权利。消费者有权根据商品或者服务的不同情况，要求经营者提供商品的价格、产地、生产者、用途、性能、规格、等级、主要成分、生产日期、有效期限、检验合格证明、使用方法说明书、售后服务，或者服务的内容、规格、费用等有关情况。"